MICHAEL KLOEPFER

Gleichheit als Verfassungsfrage

Schriften zum Öffentlichen Recht

Band 380

Gleichheit als Verfassungsfrage

Von

Prof. Dr. Michael Kloepfer

DUNCKER & HUMBLOT / BERLIN

Alle Rechte vorbehalten
© 1980 Duncker & Humblot, Berlin 41
Gedruckt 1980 bei Buchdruckerei A. Sayffaerth - E. L. Krohn, Berlin 61
Printed in Germany

ISBN 3 428 04750 8

Karl August Bettermann
zugeeignet

Vorwort

Freiheit im demokratischen Sozialstaat: Gleichheit der Grenze oder Grenze der Gleichheit? Die vorliegende Studie fragt nach der Funktion von Gleichheit in Gerechtigkeit und Recht und geht den einzelnen inhaltlichen Ausprägungen des Gleichheitssatzes nach. Sie versucht, das Verhältnis des Gleichheitssatzes zu den übrigen Grundrechten zu bestimmen und spezifische Gleichheitsschranken zu entwickeln.

Die Ausführungen sind aus einem Vortrag hervorgegangen, den ich am 22. 1. 1980 an der Universität Trier im Rahmen einer Ringvorlesung: „Gleichheit als Problem" gehalten habe. Der Stil eines Vortrages ist beibehalten worden. Die Fußnoten haben den Charakter von einführenden Anmerkungen und erheben keinen Anspruch auf Vollständigkeit. Meiner Mitarbeiterin, Frau Dr. *Offermann-Clas,* danke ich für ihre Unterstützung bei der Zusammenstellung der Anmerkungen.

M. K.

Inhalt

A. *Gleichheit und Ungleichheit in Gerechtigkeit und Recht* 11
   1. Gleichheit und Gerechtigkeit 11
   2. Gleichheit und Recht 12
   3. Ungleichheit und Gerechtigkeit 14
   4. Ungleichheit und Recht 15
   5. Zwischenergebnis 17

B. *Gleichheit in der Rechtsordnung* 20
   1. Gleichheit im Verfassungsrecht 20
   2. Gleichheitsfragen außerhalb des Gleichheitssatzes 21

C. *Gleichheit als Rechtsanwendungsgleichheit* 25
   1. Gleichheit als Recht auf Rechtsanwendung 25
   2. Gleichheit als Recht auf gleiche Rechtsanwendung 27

D. *Gleichheit als Rechtsetzungsgleichheit* 29
   1. Gleichheit als Recht auf gleiches Recht 29
   2. Gleichheit als Recht auf gerechtes Recht 29
   3. Zur Rechtsprechung des Bundesverfassungsgerichts 31

E. *Gleichheit als Chancengleichheit* 36
   1. Chancengleichheit und Gleichheitsvorverlagerung 36
   2. Chancengleichheit und Leistungsgrundrechte 37
   3. Rechtsstaatliche Chancengleichheit 41
   4. Sozialstaatliche Chancengleichheit 43

F. *Gleichheit und Grundrechte* 45
   1. Gleichheit und Freiheit 45
   2. Gleichheit und Nicht-Gleichheits-Grundrechte 48

G. *Gleichheit und Gleichheitsschranken* 54
   1. Zur Notwendigkeit von Gleichheitsschranken 54
   2. Konstruktion von Gleichheitsschranken 56
   3. Schranken der Gleichheitsschranken 58
   4. Konsequenzen 64

A. Gleichheit und Ungleichheit in Gerechtigkeit und Recht

1. Gleichheit und Gerechtigkeit

a) Ohne Gleichheit keine Gerechtigkeit. Wenn es so etwas gibt wie ein angeborenes oder doch ursprüngliches Gerechtigkeitsgefühl des Menschen, dann gründet es maßgeblich auf der Gleichheit. Ungerechtigkeit erfahren wir gefühlsmäßig meistens als Verletzung der Gleichheit. Wenn wir für eine Tat bestraft werden, für die ein anderer straffrei bleibt, wenn wir trotz gleicher Leistungen weniger als andere verdienen, länger als andere arbeiten müssen oder schlechtere Noten als andere bekommen, so überkommt uns ein sehr ursprüngliches Gefühl von Ungerechtigkeit. Daß bei gleichen Umständen Gleiches gleich behandelt werden muß, das dürfte zu den tiefsten Erfahrungen menschlichen Gerechtigkeitsempfindens gehören.

b) Freilich geht es regelmäßig um das nur zu menschliche Bestreben des „Heraufgleichens" des vermeintlich Schlechterbehandelten, der ebenso gut behandelt sein will wie ein ungleich Bevorzugter; so z. B. wenn der nicht subventionierte Unternehmer eine Subvention fordert, weil sein Konkurrent eine solche erhalten hat, oder wenn ein Beamter so befördert werden will wie sein Kollege. Es ist natürlich, daß es das Streben nach einem „Heruntergleichen" des Bessergestellten auf das Niveau eines ungleich Benachteiligten normalerweise kaum gibt. Wann wird jemand etwa auf seine Subvention oder Beförderung verzichten, weil ein anderer nicht subventioniert oder befördert wurde? Dennoch ist der Sozialstaat als geltendes Verfassungsprinzip mit seinen vielfältigen Umverteilungsmechanismen gar nicht ohne ein derartiges „Heruntergleichen" des Besserverdienenden (mit reziprokem „Heraufgleichen" des Schlechterverdienenden) vorstellbar. Und es setzt in der Tat schon ein hochentwickeltes Gerechtigkeitsempfinden voraus, wenn der — ohne sachlichen Grund — Bessergestellte die Ungerechtigkeit seiner Privilegierung empfindet, und dieses Gerechtigkeitsempfinden bedarf dann noch einer erheblichen Verstärkung bzw. einer auf Aktion zielenden Erweiterung um Elemente gemeinschaftlicher Solidarität und Mitmenschlichkeit, um das Gefühl einer Verantwortung des Bessergestellten für den Schlechtergestellten zu erzeugen. Denn es ist leicht, im Unglück begehrlich an die Glücklichen zu denken, aber es ist schwer, im Glück auch der Unglücklichen bewußt zu bleiben.

c) Ursprüngliche Gerechtigkeit ist für die meisten heute eine relative Gerechtigkeit: Gerechtigkeit im Hinblick auf die Behandlung anderer. Diese relative Gerechtigkeit ist um so bedeutsamer, als mit einem Verblassen allgemein verbindlicher Grundwerte eine absolute — nicht durch Vergleich mit anderen Rechtsgenossen konkretisierte — Gerechtigkeit, d. h. die absolute Schutzwürdigkeit greifbarer Rechtsgüter — Eigentum, Leben etc. —, zunehmend in den Hintergrund tritt. Der moderne Staat beschränkt sich nicht auf unmittelbar erfahrbare, intensive Entziehungen von Freiheit und Eigentum. Für die vielfältigen bloß partiellen Belastungen und Beschränkungen, vor allem aber für die Gewährung bürokratischer Vergünstigungen im modernen Staat der Daseinsvorsorge, gibt es — neben dem Übermaßverbot und dem Willkürverbot — kaum allgemeinverbindliche Gerechtigkeitsmaßstäbe, sondern wiederum nur relativierende (im Hinblick auf die Behandlung anderer) gefundene Maßstäbe. Gewiß erkennen wir apokalyptische Verrohungen des totalitären Staates — wie die KZ-Morde — als absolutes Unrecht: Auschwitz war Unrecht schlechthin, weil dort unschuldige Menschen gequält und ermordet (nicht aber, weil die Opfer ungleich gegenüber den Nicht-Opfern behandelt) wurden. Gegenüber derartigen barbarischen Unmenschlichkeiten hilft — hoffentlich — ursprüngliches absolutes Gerechtigkeitsgefühl, gegenüber Fehlern des Verwaltungsstaates mit dem Dickicht etwa seiner steuer- und sozialrechtlichen Regelungen nicht. Den falschen Steuer-, Subventions- oder Rentenbescheid als solchen empfinden wir regelmäßig nur dann und deshalb als ungerecht, wenn und weil andere ohne sachlichen Grund besser behandelt werden als wir.

2. Gleichheit und Recht

a) Ohne Gleichheit keine Gerechtigkeit, ohne Gleichheit kein Recht. Dies gilt einmal in dem ebenso zentralen wie wenig praktisch aussagefähigen Sinne, daß Rechtssetzung und Rechtsanwendung dem Gesamtziel der Gerechtigkeit zu dienen haben. Ist so die Gleichbehandlung von Gleichem eine Zentralforderung der Gerechtigkeit, so gilt dies ebenfalls für eine — der Gerechtigkeitsrealisierung und -konkretisierung dienende — rechtsstaatliche Rechtsordnung. Aber auch noch aus einem

2. Gleichheit und Recht

sehr viel nüchterneren Grunde ist Recht ohne Gleichheit in einem Gesetzesstaat — wie er sich in einem jedenfalls formalen, nicht unbedingt materialen Sinne in den meisten Staaten der Welt findet — unvorstellbar. Jede Normierung ist Verallgemeinerung und damit partielle Gleichbehandlung ungleicher Sachverhalte. Eine Rechtsnorm, die typischerweise abstrakt — d. h. für unbestimmt viele Fälle — und generell — d. h. für unbestimmt viele Personen — gilt, muß notwendigerweise allgemeine Gruppierungen und Typisierungen bilden, muß von feinsten Unterschieden der Einzelfälle abstrahieren, d. h. trotz noch wahrnehmbarer Verschiedenheiten von Sachverhalten diese gleichbehandeln, um praktikabel zu bleiben[1]. Für eine Massenverwaltung (etwa im Abgabenbereich) sind nivellierende Pauschalierungen unabweisbar[2]. Ein Gesetz, das sich zu stark in individualisierender Typisierung kleinster Fallgruppen (mit dann immer noch bestehender, allerdings begrenzter Verallgemeinerung) verliert, ist nicht mehr überschaubar und in einer Massenverwaltung nicht mehr verwendbar. Wollte etwa der Gesetzgeber des BAFöG allen Aspekten individualisierender Stipendienwürdigkeit nachgehen, wäre er völlig überfordert. Er kann nur bestimmte allgemeine Differenzierungen (z. B. nach Einkommensgrenzen der Eltern, Förderungshöchstdauer, Leistungsnachweisen) vornehmen.

Einwände fehlender Praktikabilität ergeben sich allerdings nicht nur gegenüber zu stark individualisierenden Regelungen, sondern auch gegenüber dem umgekehrten Fall der Beschränkung eines Gesetzes auf eine einzige Generalklausel, weil dann erst die Rechtsanwendungsorgane durch die Verwaltungspraxis eine eigene Typisierung vornehmen müssen.

b) Der hochkomplexe moderne Industriestaat mit dem Ziel einer durchnormierten Regelung der staatlichen Gefahrenabwehr und Daseinsvorsorge hat einen so exorbitant hohen Normierungsbedarf (mit der Folge fast unübersehbarer Aktivitäten von Rechtsanwendungsbürokratien und Gerichten), daß hier die Normungs-Normierungen, die Standardisierung und Verallgemeinerung schlechterdings Effektivitäts- und Existenzvoraussetzungen des Gesetzes- und Gesetzesanwendungs-

---

[1] Vgl. auch BVerfGE, 3, 58 (135). Diese Argumentationen finden sich insbesondere bei den Legitimationsargumentationen für Typisierung und Pauschalierung; vgl. z. B. BVerfGE 11, 245 (254).
[2] Siehe hierzu vor allem *Isensee*, Die typisierende Verwaltung, Gesetzesvollzug im Massenverfahren am Beispiel der typisierenden Betrachtungsweise des Steuerrechts, 1976, passim, bes. S. 52, unter Verweisung auf die Gleichbehandlung von Massenverfahren durch die Judikatur des BFH, insbesondere auf BFHE 102, 35 (37).

staates sind. Aus der Befugnis zur Rechtsetzung, aber auch zur eigenständig typisierenden Rechtsanwendung folgt also die Befugnis zur Gleichbehandlung. Dies um so mehr in einem industriellen Massenstaat, der nur funktionieren kann durch die Massenfertigung standardisierter Produkte mit in der Tat dann nivellierten Bedürfnissen. Aber nur dann, wenn die nie ganz identischen Bedürfnisse vieler zusammengefaßt werden zu einem einheitlich zu befriedigenden Massenbedürfnis, kann eine ausreichende Bedürfnisbefriedigung der Bevölkerung erfolgen. Dies gilt ebenfalls für die Leistungen des Staates z. B. bei seinen Infrastrukturmaßnahmen und Einrichtungen, aber auch bei staatlichen Normierungen selbst. Nur wenn er hier standardisiert und von individuell geformten Bedürfnissen weitgehend abstrahiert, kann die Bevölkerung versorgt werden. Der Bau einer dem Schnellverkehr dienenden Autobahn ist z. B. nur möglich, wenn die typischen Beförderungswünsche standardisiert werden und nicht jedes Grundstück und nicht jedes Dorf eine eigene Auffahrt erhält. Die Ablösung von changierenden Einzelinteressen, die Konstatierung wesentlich gleicher Bedürfnisse (Transportbedürfnisse von Ballungsraum zu Ballungsraum) ermöglichen erst, ein Massenbedürfnis zu erkennen und es als solches zu befriedigen. Ähnliches gilt für die Bereitstellung staatlicher Normensysteme, die an typischen allgemeinen Konfliktlagen ansetzen und nur allgemeine Lösungen bereitstellen können.

3. Ungleichheit und Gerechtigkeit

Indes, nicht nur die Gleichheit ist Voraussetzung für Gerechtigkeit und Recht, sondern auch ihr (freilich — partiell — nur vermeintlicher) Gegensatz: die Ungleichheit. Die Gleichbehandlung ungleicher Tatbestände kann in hohem Maße ungerecht sein — etwa Zahlung gleich hoher Steuern für alle oder der Grundsatz: „Mark gleich Mark" bei langfristigen Schulden während Zeiten mit hohen Inflationsraten[3] —. Dennoch wird eine derartige Gleichbehandlung ungleicher Tatbestände häufig nicht als so ungerecht empfunden wie eine Ungleichbehandlung gleicher Tatbestände, obwohl beide Aspekte letztlich in der Grundüberlegung des differenzierenden suum cuique (Jedem das Seine) wurzeln. Festzuhalten ist aber, daß auch die grundsätzliche Ungleichbehandlung ungleicher Tatbestände eine tragende Forderung der Gerechtigkeit sein muß in einem Staat, der partiell nivelliert und weithin nivellieren muß. Es gilt also auch der Satz: Ohne Ungleichheit keine Gerechtigkeit.

---
[3] Siehe dazu etwa *J. Kaiser*, in: E. R. Huber-Festschrift, 1973, S. 237 ff.

4. Ungleichheit und Recht

a) Und ohne Ungleichheit gibt es kein Recht. Dies folgt einmal aus der erwähnten Funktion der Rechtsordnung zur Realisierung der Gerechtigkeit. Soweit also die Gerechtigkeit Ungleichheit fordert, ist die Realisierung und Konkretisierung dieser Ungleichheit eine wesentliche Aufgabe der Rechtsordnung. Aber auch hier ergibt sich — wie bei der Gleichheit — die Notwendigkeit von Ungleichheit aus sehr viel nüchterneren, fast technischen Überlegungen. Wird als Kern des Gleichheitssatzes — vergröbernd — das Gebot verstanden, Gleiches gleich zu behandeln, so bezieht sich das stets auf eine bestimmte Rechtsfolge (für einen bestimmten Fall oder für eine bestimmte Kategorie von Fällen). Ob ein ungleicher staatlicher Eingriff (eine gleich hohe Steuer oder Strafe, eine gleiche Enteignung, eine gleiche Genehmigungsentziehung, eine gleiche Gewerbeuntersagung etc.), oder ob eine gleiche staatliche Leistung (gleiche Subvention, gleiche Studienplatzzuweisung, gleiche Genehmigungserteilung) geboten ist, das hat jeweils der Gleichheitssatz zu entscheiden. Wenn aber der Gleichheitssatz in einer hochdifferenzierten Rechtsordnung mit einer Unzahl von Rechtsnormen und mit einer nicht überschaubaren Masse unterschiedlicher rechtlicher Regelungsbereiche (von den milliardenfachen Rechtsanwendungsfällen einmal ganz abgesehen) zu gelten hat, schließt dies essentielle immanente Limitierungen des Gleichheitssatzes — durch Bezug stets auf einzelne Rechtsfolgen — mit ein. Die hohe Zahl unterschiedlicher Lebens- und Aktionsbereiche in einer arbeitsteiligen modernen Industriegesellschaft mit der Folge hochdifferenzierter Rechtsregelungsbereiche in einer immensen Normenflut reduziert die reißende Kraft des Gleichheitssatzes und zähmt ihn durch ein Normierungssystem mit einer Unzahl von feinen und feinsten Regelungskanälen. Oder anders ausgedrückt: Die wegen der Vielfalt und Verschiedenheit der Probleme und Systeme des sozialen Lebens notwendige Vielzahl von rechtlichen Regelungssystemen bedeutet die Notwendigkeit vieler Ungleichheiten; eigene Regelungssysteme sind immer ungleich gegenüber anderen Regelungssystemen, weil sie sonst eben keine eigenständigen Regelungssysteme mehr wären.

b) In diesem Sinne wäre eine Rechtsnorm mit dem Inhalt: „Alles ist gleich und alle müssen gleich behandelt werden" gleichbedeutend mit der Abschaffung der Rechtsordnung. Dies wäre die Beseitigung aller Rechtsnormen, die wesensmäßig auch stets Ausgrenzungen und Beschränkungen von Rechtsfolgen und damit immer auch Verbürgungen von Ungleichheit sind. Erweisen sich Abgrenzungen in Rechtssätzen als notwendig, sind Ungleichbehandlungen insbesondere zwischen Gesetzesadressaten und Nicht-Gesetzesadressaten unvermeidbar. Ungleichbehandlungen aufgrund des Vorliegens oder Nicht-Vorliegens der gesetzlichen Voraussetzungen einer Rechtsfolge verstoßen als solche regelmäßig nicht gegen die Verfassung, sondern werden von ihr durch die Ordnung der Gesetzgebung vorausgesetzt. Wird z. B. eine gesetzlich geregelte Subvention nur dann gewährt, wenn das Einkommen des Antragstellers eine bestimmte Höhe nicht übersteigt, so ist die Ungleichbehandlung durch Gewährung bzw. Nicht-Gewährung der Subvention aufgrund bestimmter Einkommensgrößen unvermeidbar, wenn der Gesetzgeber sich für eine einkommensorientierte Subventionierung entscheidet. Auch hier kann es nur um willkürfreie und schonende Abgrenzungen mit der Beseitigung vermeidbarer Härten gehen[4]. Dies gilt nicht nur für Einkommens- und Altersgrenzen, sondern gerade auch hinsichtlich der zeitlichen Begrenzung von Rechtsnormen durch Stichtage, die gleichfalls stets notwendige Ungleichbehandlungen (davor/danach) enthalten, was freilich Forderungen nach weichen, abfedernden und kontinuitätswahrenden Übergangsregelungen mit Beseitigung nicht vermeidbarer Härten nicht überflüssig, sondern notwendig macht[5].

Insgesamt gilt: Die Differenzierung des sozialen Lebens und die Differenzierung der rechtlichen Regelungssysteme hat notwendigerweise Ungleichheit im Recht zur Folge.

c) Im übrigen kann auch der Gleichheitssatz selbst seine Wirkkraft nur in Verschiedenheit entfalten. Gleichheit kann nur zwischen vergleichbaren, aber doch verschiedenen Sachverhalten erfolgen. Sie greift dort leer, wo sich zwei Dinge in keiner Weise mehr voneinander unterscheiden, also identisch sind[6]. Gleichheit bedeutet die Vergleichbarkeit

---

[4] Nach BVerfGE 13, 21 (29); 26, 265 (275 f.); 29, 22 (32) sind Härten bei generalisierenden Regelungen unvermeidlich und hinzunehmen; daraus folgt aber im Umkehrschluß, daß sie nur insoweit hinzunehmen sind, wie sie unvermeidlich sind: *Kloepfer*, DÖV 1978, S. 225 (229 f.).

[5] *Kloepfer*, DÖV 1978, S. 225 (232); zur Stichtagsproblematik vgl. auch *Dürig*, in: Maunz / Dürig, Grundgesetz, Loseblatt (Stand 1979), Rdn. 200 ff. zu Art. 3 Abs. 1 GG.

[6] Vgl. insbesondere *Hesse*, Der Grundsatz der Gleichheit vor dem Gesetz im Deutschen Staatsrecht, Diss. jur., Göttingen 1950, S. 82, seinerseits wiederum unter Verweis auf *Windelband*, über Gleichheit und Identität, 1910, S. 5 und *Göldel*, Die Lehre von der Identität in der deutschen Logikwissenschaft seit Lotze, 1935, S. 200 und im Anschluß daran *Gubelt*, in: v. Münch, Grundgesetz-Kommentar, Bd. 1, 1975, zu Art. 3 GG, Rdn. 13.

hinsichtlich eines Kriteriums bei sonst mehr oder weniger unterschiedlichen Sachverhalten, von denen abstrahiert wird[7]. Entscheidend ist also stets für die Beurteilung von zwei Sachverhalten als gleich oder ungleich das Differenzierungskriterium (tertium comparationis[8]), dessen Auswahl auf einem (regelmäßig: gesetzgeberischen) Wertungsakt beruht[9]. Werden etwa ein Professor und ein Student anhand des Kriteriums finanzieller Hilfsbedürftigkeit gemessen, sind sie ungleich, so daß etwa nur der Student eine Ausbildungsförderung erhält; werden beide am Maßstab deutscher Staatsangehörigkeit gemessen, so sind beide gleich z. B. mit der Folge, daß beide wahlberechtigt sind. Wir spielen also ständig gleiche und verschiedene juristische „Rollen" im Vergleich zu anderen Personen, d. h. wir unterliegen also dauernd einer gleichzeitigen Bewertung unter verschiedenen juristischen Aspekten mit den hieraus folgenden Gleich- und Ungleichbehandlungen im gleichen Moment. Die dem Juristen eigene, „beschränkte" Sicht auf eine bestimmte Rechtsfolge, auf bestimmte Tatbestandsmerkmale einer Rechtsnorm, hindert also nicht die Gleichbehandlung zweier Personen hinsichtlich einer Rechtsfolge und die Ungleichbehandlung hinsichtlich anderer Rechtsfolgen, wenn der Gesetzgeber unterschiedliche Differenzierungskriterien wählt.

5. Zwischenergebnis

Zusammengefaßt bleibt ein erstes, wenig befriedigendes, weil (scheinbar?) widersprüchliches Ergebnis: Sowohl Gleichheit wie Ungleichheit sind augenscheinlich unabdingbar Voraussetzungen von Recht und Gerechtigkeit. Eine mögliche Erklärung für diesen Widerspruch könnte darin bestehen, daß sich entweder hinter dem einheitlichen Begriff der

---

[7] Vgl. insbesondere BVerfGE 6, 273 (280).
[8] *Dürig*, in: Maunz / Dürig, Grundgesetz, Loseblatt (Stand: 1979), Rdn. 3 zu Art. 3 Abs. 1 GG; *Gubelt*, zu Art. 3 GG, Rdn. 13, 14; *Husserl*, Logische Untersuchungen II, 1, 1922, 3. Aufl., S. 112.
[9] Daß der Gesetzgeber dabei nicht Wirklichkeiten beschreiben, sondern gleiche Rechtsfolgen bestimmen will, wird deutlich bei dem klassischen Beispielsfall, daß in dem Schlußartikel eines Gesetzes über die Impfung von Hunden der — wenig glückliche — Satz auftaucht: „Hunde im Sinne dieses Gesetzes sind auch Katzen." Unter dem Kriterium der Seuchenbekämpfung sind nach gesetzgeberischer Einschätzung also beide Tierarten gleich, obwohl der Gesetzgeber selbstverständlich die tatsächlichen Unterschiede nicht übersieht. Entsprechendes gilt auch für die Gleichberechtigung von Mann und Frau (Art. 3 Abs. 2 GG), wo der Verfassungsgeber grundlegende biologische Unterschiede natürlich nicht übersieht, sondern sie als unzulässige Differenzierungskriterien bewertet.

Gleichheit ganz unterschiedliche Aussagen — gewissermaßen unterschiedliche Gleichheitssätze — verbergen oder daß die Geltung des Gleichheitssatzes in sich und nach außen beschränkt ist. Vielleicht ist aber die Notwendigkeit von Gleichheit und Ungleichheit nur ein scheinbarer Widerspruch. Der Gleichheitssatz als Rechtsnorm setzt — wie gezeigt — Nicht-Identität[10] beurteilter Sachverhalte voraus. Aber abgesehen von derartigen grundsätzlichen Überlegungen kann die auf Recht und Gerechtigkeit gestützte scheinbar widersprüchliche Forderung der Gleichheit und Ungleichheit zugleich möglicherweise durch den differenzierenden Grundsatz des suum cuique[11] gelöst werden. Wenn hiernach — jedem das Seine gebend — Gleiches gleich und Ungleiches ungleich zu behandeln ist, dann ist in der Tat die Forderung sowohl nach Gleichheit wie nach Ungleichheit fast widerspruchslos möglich und scheint sich nahezu fugenlos zu ergänzen. Als einziges — freilich außerordentlich kompliziertes — Problem bliebe dann die Frage nach Kompetenz und Kriterien für die Trennung von Gleichem und Ungleichem, nach der Feststellung des Gleichen und nach der Dezision für ein Differenzierungskriterium.

Allerdings ist mit dieser Besinnung auf das suum cuique allenfalls eine Lösung unterschiedlicher, im wesentlichen auf die Gerechtigkeit bezogener Konflikte möglich. Der Gegensatz zwischen der Notwendigkeit der Gleichbehandlung zur Ermöglichung praktikabler Normen, d. h. der Notwendigkeit gleichmachender Typisierung und Standardisierung einerseits und der Notwendigkeit differenzierender, d. h. untereinander ungleicher Regelungsbereiche und Rechtsfolgen andererseits, wird damit nicht gelöst.

Und schließlich bleibt durch die Reduzierung des Gleichheitssatzes auf die Pflicht zur Gleichbehandlung von Gleichem und zur Ungleichbehandlung von Ungleichem doch die nach dem Egalitätsgebot entscheidende Frage ungelöst, die sich insbesondere aus der Sozialgestaltungsfunktion[12] des Staates, aus seiner Rolle (auch) als Sozialstaat ergibt: Inwieweit ist die Grenze von — jedenfalls ökonomisch — Glei-

---

[10] *Hesse*, S. 83.
[11] J. I, 1 und 3; D. I, 1, 10; vgl. zum Prinzip des suum cuique *Hesse*, S. 92; dortselbst unter Verweisung wiederum auf *Brunner*, Gerechtigkeit, 1943, S. 32, für den bei der Bestimmung der Gerechtigkeit von der Forderung Jedem das Seine auszugehen ist. Vgl. ferner zur Entwicklung des Suum-cuique-Prinzips die Darstellung bei *Coing*, Grundzüge der Rechtsphilosophie, 3. Aufl. 1976, S. 188 f.
[12] *Hesse*, S. 104 ff., dort insbesondere zur Typik des Sozialen und zu Gesichtspunkten und Gründen sozialer Gleichsetzung.

5. Zwischenergebnis

chem und Ungleichem als Sachverhalte, die dann vom Recht zu beurteilen sind, statisch und inwieweit darf der Staat mit seiner Rechts- und Sozialordnung diese Grenze verschieben, inwieweit darf er insbesondere aus Ungleichem Gleiches machen?

B. Gleichheit in der Rechtsordnung

1. Gleichheit im Verfassungsrecht

a) Wer auf diese grundsätzliche Frage in der deutschen Rechtsordnung und primär im geltenden Verfassungsrecht der Bundesrepublik Deutschland, dem Grundgesetz in seiner Interpretation durch das Bundesverfassungsgericht, eine Antwort sucht, muß zunächst von den konkreten Passagen des Verfassungstextes ausgehen, in deren Mittelpunkt Art 3 GG steht. In dessen Abs. 1 findet sich der feierliche und traditionsbeladene Satz: „Alle Menschen sind vor dem Gesetz gleich." Danach folgt dann in Art. 3 Abs. 2 GG das lange umstrittene Verfassungsprinzip der Gleichberechtigung von Mann und Frau und schließlich primär als Antwort des Grundgesetzes auf den Nationalsozialismus in Art. 3 Abs. 3 GG das Verbot für den Staat, nach Geschlecht, Abstammung, Rasse, Sprache, Heimat, Herkunft, Glauben, nach religiösen oder politischen Anschauungen zu differenzieren.

b) Obwohl Art. 3 Abs. 1 GG gewiß die Zentralnorm des Grundgesetzes zur Frage der Gleichheit als Verfassungsproblem darstellt, kann nicht übersehen werden, daß es an vielen Stellen des Verfassungstextes — und zwar auch außerhalb von Art. 3 Abs. 2,3 GG — Ausprägungen des Gleichheitsgrundsatzes gibt. Zu nennen sind vor allem die Aussagen zur staatsbürgerlichen Gleichheit in Art. 33 Abs. 1 bis 3 GG, zur Wahlgleichheit in Art. 38 Abs. 1, 28 Abs. 1 Satz 2 GG, aber auch zur weltanschaulichen Neutralität in Art. 140 GG i. V. m. Art. 136 Abs. 1, 2 WRV — wozu auch das Prinzip der Gleichheit der öffentlich-rechtlich verfaßten Kirchen (als Ausprägung der Non-Identifikation des modernen Staates[13]) zählt —, zum Verbot der individualgesetzlichen Grundrechtseinschränkung im Art. 19 Abs. 1 Satz 2 GG sowie zum Verbot der Ausnahmegerichte (Art. 101 Abs. 1 Satz 1 GG). Mittelbare Aussagen zur Gleichheitsidee sind überdies in vielen anderen Aussagen der Verfassung — z. B. bei den noch zu erörternden allgemeinen Gesetzen — enthalten, vor allem in den zentralen Aussagen über die Staatsstruk-

---

[13] *Herbert Krüger*, DVBl. 1955, S. 178 ff., S. 208 ff.; ders., Allgemeine Staatslehre, 1966, S. 178 ff.

turprinzipien der Verfassung[14] (Art. 20 Abs. 1, 28 Abs. 1 Satz 1 GG), die mittelbar über die sog. „Ewigkeitsklausel" von Art. 79 Abs. 3 GG sogar gegenüber Verfassungsänderungen geschützt sind. So ist der Rechtsstaat ohne Gleichheit vor dem Gesetz und ohne Gleichheit i. S. von Willkürfreiheit ebenso unvorstellbar wie die Demokratie ohne gleiches Wahlrecht, ohne Gleichheit der Staatsangehörigen. Der Sozialstaat lebt aus dem Leitprinzip sozialer Gleichheit und der Bundesstaat gründet auf der grundsätzlichen, aber nicht ausnahmslosen Gleichberechtigung seiner Glieder[15]. Die sich so aus Art. 79 Abs. 3 GG mittelbar ergebende Ewigkeitsgarantie von Gleichheitsgehalten trifft sich mit der oft behaupteten natur- und menschenrechtlichen Fundierung des Gleichheitssatzes[16], auf deren Haltbarkeit hier jedoch nicht näher einzugehen ist.

Diese Durchdringung der gesamten Verfassung mit Gleichheit hängt zusammen mit der Vielgestaltigkeit des Gleichheitssatzes und seiner Aussagen einerseits und der vielartigen Verflochtenheit des Gleichheitssatzes mit anderen Verfassungsaussagen andererseits. Der Gleichheitssatz ist ein so zentrales Prinzip unserer Verfassungsordnung, daß er diese weitgehend durchdringt und folgerichtig an sehr vielen Stellen der Verfassung wieder aufgespürt werden kann. Hierauf wird noch — jedenfalls teilweise — bei der später folgenden Untersuchung des Verhältnisses zwischen dem Gleichheitssatz und anderen Grundrechten einzugehen sein. Im folgenden wird Art. 3 Abs. 1 GG im Vordergrund stehen, wobei Art. 3 Abs. 2, 3 GG im wesentlichen außer Betracht bleiben werden.

2. Gleichheitsfragen außerhalb des Gleichheitssatzes

Bei dieser Konzentration auf Art. 3 Abs. 1 GG können wesentliche Fragestellungen zur Gleichheit außerhalb des Gleichheitssatzes nicht vertieft werden:

---

[14] Zum Verhältnis zwischen Staatsstrukturprinzipien und Gleichheitssatz vgl. *Ipsen,* in: Neumann / Nipperdey / Scheuner, Die Grundrechte, Bd. II, 1954, S. 111 ff., 162 ff., insbesondere S. 172, 173.
[15] Vgl. dazu *Maunz,* in: Maunz / Dürig, GG, Bd. II, Art. 20 Abs. 1, Rdn. 15; zu der problematischen Entscheidung BVerfGE 1, 117 (140 f.) vgl. *Dürig,* in: Maunz / Dürig, GG, Bd. I, Art. 3, Rdn. 233, Fußn. 1; eine Differenzierung zwischen den Ländern taucht z. B. bei der Stimmenzahl im Bundesrat auf (Art. 51 Abs. 2 GG).
[16] BVerfGE 1, 208 (243): ein von der Verfassung anerkannter überpositiver Rechtsgrundsatz.

a) Nicht untersucht werden kann hier die außerordentlich interessante Frage des Verhältnisses von Gleichheitssatz und Bundesstaat, wo sich durchaus wiederum ein ambivalentes Verhältnis bietet. Auszugehen ist davon, daß — im Rahmen der Homogenitätsklausel von Art. 28 Abs. 1 Satz 1 GG — Föderalismus eine Gewährleistung potentieller Ungleichheit zwischen den Ländern und ihren Rechtsordnungen ist[17].

Im abgeschwächten Sinne läßt sich dies ebenfalls für die kommunale Selbstverwaltung und überhaupt für eine gegliederte Verwaltung mit eigenen Entscheidungsräumen sagen — auch dieses sind Organisationen zur Ermöglichung von Ungleichheit. Der Landesgesetzgeber hat deshalb prinzipiell die Gleichheit nur innerhalb seines Landes[18], die Gemeinde als Gesetzgeber nur hinsichtlich ihres Gebietes[19] zu beachten. Umgekehrt ist die erwähnte prinzipielle (aber nicht durchgängige) Gleichheit zwischen den einzelnen Bundesländern ein tragendes Prinzip des Bundesstaates, aus der sich dann Ungleichheiten entwickeln können. Vor allem das in Art. 72 Abs. 2 Nr. 3, 106 Abs. 3 Satz 4 Nr. 2 GG angesprochene Leistungsprinzip der (Mindest-)„Einheitlichkeit der Lebensverhältnisse" setzt föderalistischer Ungleichheit (vorrangig im Wirtschafts- und Rechtsleben) Grenzen.

b) Auch eine Reihe wichtiger weiterer Fragen des Gleichheitssatzes in der Rechtsordnung bleiben unerörtert. So muß der den geschilderten Bundesstaatsüberlegungen der Gleichheit der Bundesländer grundsätzlich vorgelagerte völkerrechtliche Grundsatz der prinzipiellen Gleichberechtigung aller Staaten[20] ebenso außer Betracht bleiben, wie das EG-rechtliche Prinzip der grundsätzlichen Gleichberechtigung aller Mitgliedstaaten. Auf das für die Europäischen Gemeinschaften so wesentliche Verbot der Diskriminierung aus Gründen der Staatsangehörigkeit (Art. 7 EWG-Vertrag) mit dem hieraus folgenden Gleichbehand-

---

[17] *Kloepfer*, ZRP 1978, S. 121 (122/123); zum Verhältnis Föderalismus—Gleichheit: *Dürig*, Art. 3, Rdn. 239 ff.

[18] BVerfGE 10, 354 (371); 37, 314 (323) mit der wesentlichen Ausnahme für länderübergreifende Sachverhalte; z. B. Studienplatzverteilung, BVerfGE 33, 303 (352).

[19] BVerfGE 21, 54 (68).

[20] Zum völkerrechtlichen Grundsatz der Gleichberechtigung aller Staaten siehe Art. 2 Ziff. 1 UN-Charta, in dem ausdrücklich bestimmt ist, daß die Weltorganisation auf dem Grundsatz der „souveränen Gleichheit" (sovereign equality), aller ihrer Mitglieder aufgebaut ist. Vgl. zur Gleichheit der Staaten *Leibholz*, Die Gleichheit vor dem Gesetz, 2. Aufl. 1959, S. 140 und ferner *Verdross / Simma*, Universelles Völkerrecht, 1976, S. 231, 565 und speziell zur Gleichheit der UNO-Mitglieder, dies., S. 52 f.

2. Gleichheitsfragen außerhalb des Gleichheitssatzes

lungsgebot zwischen Inländern und EG-Ausländern kann hier ebenfalls nicht eingegangen werden[21].

c) Die in einem rechtlich geordneten antithetischen Verfahren mit Kampfcharakter grundsätzlich notwendige prinzipielle Waffengleichheit zwischen den Gegnern (z. B. im Gerichtsverfahren zwischen Klägern und Beklagten, im kollektiven Arbeitskampf zwischen Arbeitgebern und Arbeitnehmern[22]) kann hier ebenfalls nicht behandelt werden. Dies gilt auch für die spezifisch sozialstaatliche Problematik des Verhältnisses zwischen prozessualer Chancengleichheit und dem Kostenrisiko[23].

d) Schließlich bleiben an dieser Stelle die von der Drittwirkungsproblematik (Grundrechtsverpflichtetheit von Privaten) im Prinzip abzuscheidenden privatrechtlichen wie quasi privatrechtlichen Erscheinungsformen der Gleichheitsidee unerörtert. Sie tauchen als Ordnungs- und Gerechtigkeitsprinzipien einmal in der Rechten- und Pflichtenzuteilung privatrechtlicher Personenmehrheiten[24] (Gleichbehandlung der Mitglieder und Gesellschafter im Vereins- und Gesellschaftsrecht, der Arbeitnehmer im Arbeitsrecht, der gesetzlichen Erben im Erbrecht etc.) und zum anderen in der Abwehr privatrechtlicher Übermacht auf (nochmals: arbeitsrechtlicher Gleichbehandlungsgrundsatz, wettbewerbsrechtliches Diskriminierungsverbot — § 26 Abs. 2 GWB, aber auch nach § 1 GWB und evtl. nach § 826 BGB bei Monopolbetrieben —). Im Arbeitsrecht gibt es neben der auf Art. 3 Abs. 2 GG, § 75 BetrVG und Art. 119 EWG-Vertrag gestützten Gleichbehandlung von Mann und Frau, neben der EG-rechtlichen (Freizügigkeits-) Gleichbehandlung und neben dem der Regelung von Art. 3 Abs. 3 GG weitgehend entsprechen-

---

[21] Zu den europarechtlichen Diskriminierungsverboten und einem hieraus abgeleiteten Gleichheitssatz im Gemeinschaftsrecht vgl. für alle: *Ipsen*, Europäisches Gemeinschaftsrecht, 1972, S. 592 ff.

[22] Ein entscheidendes — möglicherweise aber auch in Art. 9 Abs. 3 GG zu verankerndes — Argument für die umstrittene Verfassungsfrage, ob ein Aussperrungsverbot grundgesetzmäßig wäre. Vgl. dazu *Bötticher*, Waffengleichheit und Gleichbehandlung der Arbeitnehmer im kollektiven Arbeitsrecht, 1956, sowie *Lerche*, Verfassungsrechtliche Zentralfragen des Arbeitskampfes, 1968, S. 68 ff.

[23] *Fechner*, JZ 1969, S. 349 ff.; ferner *Dürig*, Rdn. 385 ff. zu Art. 3 Abs. 1 GG; *Kloepfer*, Grundrechte als Entstehenssicherung und Bestandsschutz, 1970, S. 94 ff., vgl. insbesondere S. 97 Anm. 404.

[24] *Hueck*, Grundsatz der gleichmäßigen Behandlung im Privatrecht, 1958, passim, ins. S. 169 f.; allgemein zur Bedeutung des Art. 3 Abs. 1 GG für das Privatrecht *Dürig*, Rdn. 505 ff. zu Art. 3 GG. Vgl. zur Ablehnung einer *allgemeinen* Pflicht zur gleichmäßigen Behandlung für den privaten Rechtsverkehr sowohl aus Art. 3 GG als aus § 242 BGB, *Heinrichs*, in: Palandt, Bürgerliches Gesetzbuch, 39. Aufl. 1980, Anm. 1 d bb zu § 242 BGB.

den betriebsverfassungsrechtlichen Diskriminierungsverbot ein aus dem allgemeinen Arbeitsrecht — vor allem ein aus der Fürsorgepflicht — abgeleitetes Gleichbehandlungsgebot[25]. Ebenso wie das Wettbewerbsrecht wird das Arbeitsrecht zunehmend von öffentlich-rechtlichen Gestaltungselementen durchdrungen. So ist insbesondere die Gleichheitsbindung der Tarifvertragspartner bei Abschluß von Tarifverträgen aus ihrer Befugnis zur Quasi-Normierung zu erklären[26]. Dennoch kann von einer grundsätzlichen Bindung des Privatrechts an den Gleichheitssatz keine Rede sein. Eine Drittwirkung des Gleichheitssatzes, d. h. eine allgemeine Bindung von Privaten hieran — etwa eines Verkäufers bei Gestaltung seiner Kaufverträge — wäre gleichbedeutend mit der Aufhebung der Privatautonomie, dieses wesentlichen Elementes einer wirklich freiheitlichen Gesellschaftsordnung.

e) Immerhin zeigen die geschilderten Einflüsse und Ausprägungen des Gleichheitssatzes auf das Verfahrensrecht, auf das internationale Recht wie auf das Zivilrecht, um welch ein fundamentales Rechtsprinzip es sich bei der Gleichheit handelt. Dennoch hat hier eine Beschränkung auf verfassungsrechtliche Fragen zu erfolgen, und zwar auf den Gleichheitssatz selbst, wobei freilich ebenfalls Untersuchungen der Länderverfassungen auszuscheiden haben, wie auch rechtsvergleichende oder rechtshistorische Betrachtungen unterbleiben müssen.

---

[25] Vgl. z. B. *Bötticher*, RdA 1953, S. 161 ff.; allgemein zum Gleichbehandlungsgrundsatz im Arbeitsrecht vgl. *Putzo*, in: Palandt, Anm. 9 zu § 611 BGB.
[26] BAG, NJW 1968, S. 1398.

C. Gleichheit als Rechtsanwendungsgleichheit

1. Gleichheit als Recht auf Rechtsanwendung

a) Die in Art. 3 Abs. 1 GG enthaltene (fast zu) eingängige Formulierung: „Alle Menschen sind vor dem Gesetz gleich" wird von Nicht-Juristen häufig mißverstanden im Sinne egalisierender Vorstellungen, die nach dem Staat nicht als Macher, sondern als Gleich-Macher rufen. Dabei zeigt die Formulierung „vor dem Gesetz" bereits, daß Gleichheit jedenfalls vom Wortlaut dieser Verfassungsbestimmung her nur insoweit gewährleistet wird, als das Gesetz eine Gleichbehandlung vorsieht; Gleichheit also nach Maßgabe der gesetzgeberischen Entscheidung. Es geht somit zunächst um die Gleichheit vor dem bereits erlassenen Gesetz. Die Entscheidung des parlamentarischen Gesetzgebers beim formellen Gesetz, dem Parlamentsgesetz, (bzw. des nach Art. 80 GG parlamentarisch ermächtigten exekutiven Verordnungsgebers[27]) soll gegenüber jedem gelten, der vom Gesetzgeber als Normadressat bestimmt ist bzw. für den Nicht-Adressaten nicht gelten. Niemand soll sich — vorbehaltlich ausdrücklicher verfassungsrechtlicher Immunitäts- oder Indemnitätsvorschriften (Art. 46 GG) — der Verbindlichkeit eines abstrakt auch für ihn geltenden Gesetzes entziehen können bzw. hiervon ausgeschlossen werden. Dem entspricht einmal — bürgergerichtet — eine allgemeine Rechtsbefolgungspflicht bzw. ein Rechtsanwendungsanspruch der Adressaten von Gesetzen und zum anderen — staatsgerichtet — eine in der Praxis rechtlich wohl relevantere Pflicht der Exekutive und der Judikative zur Gesetzesanwendung.

b) Insoweit handelt es sich bei dieser Rechtsanwendungsgleichheit um ein spezifisch — ebenfalls im Anspruch auf den gesetzlichen Richter bzw. im Verbot von Ausnahmegerichten enthaltenes — rechtsstaatliches Gebot, eine Sicherung der Herrschaft des Gesetzes und politisch genauer: die formale Sicherung der Entscheidungsmacht des Gesetzgebers — der Abgeordneten als Repräsentanten des Volkes — gegenüber den

---

[27] Zur Bindung des Verordnungsgebers an Art. 3 Abs. 1 GG vgl. insbesondere BVerfGE 13, 248 (253).

Funktionsträgern der Exekutive und der Legislative. Deshalb wird also lediglich die in Art. 20 Abs. 3 GG (auch) enthaltene Gesetzesbindung der vollziehenden Gewalt und der Rechtsprechung — das Prinzip des Gesetzesvorrangs — wiederholt, allerdings zugleich auch als Grundrecht, d. h. mit individueller Rechtserzwingungsmacht ausgestattet. Dabei zeigt sich exemplarisch die individualrechtserzeugende Kraft des Gleichheitsgedankens, objektive Verfassungsgehalte in subjektiven Rechten zu fassen (wozu dann die klassische Gleichheitsfunktion tritt, aus bereits geschaffenen subjektiven öffentlichen Rechten die Notwendigkeit der Begründung weiterer Rechte bei gleichen Sach- und Rechtslagen zu folgern[28]). Diese unlösbare Verbindung der Rechtsanwendungsgleichheit zum Vorrang des Gesetzes, d. h. zur Rechtmäßigkeit des Staatshandelns, läßt die Rechtsanwendungsgleichheit in einem effektiv rechtsstaatlich strukturierten Gemeinwesen wie der Bundesrepublik Deutschland mit starken Sicherungen für die Rechtmäßigkeit der Staatsaktion als ein tatsächlich wenig gefährdetes Grundrecht erscheinen. Aus der essentiellen Verbindung zwischen der Rechtsanwendungsgleichheit und dem Gesetzesvorrang folgt auch die partielle Verfassungsfremdheit eines Anspruches auf Gleichbehandlung im Unrecht[29]. Ein solcher Anspruch, ebenso rechtswidrig wie andere behandelt zu werden (z. B. bei vorangegangener gesetzeswidriger Subventionierung), würde begangenes Unrecht nur perpetuieren und intensivieren. Dadurch würde eine Rückkehr zur Gesetzmäßigkeit des Staatshandelns als Zentralanliegen der Rechtsanwendungsgleichheit entscheidend erschwert.

c) Die Rechtsanwendungsgleichheit bezieht sich gleichermaßen auf gesetzgeberisch vorgesehene Belastungen (z. B. Gleichmäßigkeit der Besteuerung) wie auf gesetzlich geregelte Begünstigungen (z. B. Gleichheit der Subventionierung). Mit dieser Einbeziehung auch von Begünstigungen geht Art. 3 Abs. 1 GG über das formelle Hauptgrundrecht des Art. 2 Abs. 1 GG, wie dieses in der Rechtsprechung des Bundesverfassungsgerichts[30] — quasi als Grundrecht auf Rechtmäßigkeit bei Eingriffen — gedeutet wird, hinaus. Umgekehrt hilft — vorbehaltlich besonderer Freiheitsrechte — nur Art. 2 Abs. 1 GG gegenüber gesetzlosen Eingrif-

---

[28] *Kloepfer*, Grundrechte als Entstehenssicherung und Bestandsschutz, 1970, S. 2, 73.
[29] BVerwG, NJW 1971, S. 676; s. ferner dazu etwa *Randelzhofer*, JZ 1973, S. 536 ff.; *Dürig*, Rdn. 164—193 zu Art. 3 Abs. 1 GG.
[30] Seit BVerfGE 6, 32 (41); 9, 83 (88) in ständiger Rechtsprechung; vgl. dazu auch *Klein*, in: Schmidt-Bleibtreu / Klein, Kom. zum GG für die Bundesrepublik Deutschland, 4. Aufl. 1977, Rdn. 3 zu Art. 2 und ferner *Lepa*, Der Inhalt der Grundrechte nach der Rechtsprechung, 3. Aufl. 1976, S. 38.

fen bzw. gegenüber Eingriffen, die auf verfassungswidrigen Gesetzen beruhen. Verkürzt gesagt, wird Art. 3 Abs. 1 GG als Recht auf Rechtsanwendung nur bei Vorliegen eines gültigen (also verfassungsmäßigen) Gesetzes relevant, während Art. 2 Abs. 1 GG als Recht auf Unrechtsabwehr gerade (aber nicht allein) dort wichtig wird, wo der Staat ohne ausreichende gesetzliche Grundlage handelt.

2. Gleichheit als Recht auf gleiche Rechtsanwendung

Die Gleichheitserstellung durch korrekte und umfassende Normanwendung wird dann erschwert, wenn — wie häufig — durch unbestimmte Rechtsbegriffe und Ermessensräume[31] die Gesetzesbindung der Exekutive und der Judikative vom Norminhalt her (beim Ermessen mit mindestens zwei rechtmäßigen unterschiedlichen Rechtsanwendungsentscheidungen) oder von der faktischen Normwirkung her (beim unbestimmten Rechtsbegriff mit an sich — theoretisch — nur einer rechtmäßigen Rechtsanwendungsentscheidung) gelockert ist. Gerade wenn, weil und soweit Normanwendung mehr ist als eine quasi automatische Subsumtionsentscheidung (ohne eigene volitive und kognitive Elemente der Rechtsanwendungsorgane), kann eine gleiche Normanwendung nicht mehr allein aus der Norm selbst gewährleistet werden. Gleichheit durch Rechtsanwendung ist überhaupt nur bei gleicher Rechtsanwendung möglich: Gleichheit durch gleiche Rechtsanwendung.

Um eine derartige gleiche Rechtsanwendung bei gelockerter Gesetzesbindung zu gewährleisten, gibt es zunächst eine gewissermaßen von außen kommende hierarchische Methode der Anweisung und/oder Überprüfung. Verwaltungsinterne Ermessensrichtlinien einerseits und gerichtliche Interpretationsüberprüfung (von der Fiktion nur einer richtigen Auslegung her) andererseits sind die wichtigsten Erscheinungsformen. Es gibt allerdings auch wesentliche interne Bindungen der Gesetzesanwendung bei gelockerter Gesetzesbindung. Wesentliches Beispiel ist hier die Lehre vom fehlerfreien Ermessen. Insbesondere darf die Verwaltungsbehörde das ihr eingeräumte Ermessen nur pflichtgemäß ausüben, also nicht mißbrauchen, d. h. von einer Ermessensvorschrift in einer dem Zweck dieser Vorschrift widersprechenden Weise Gebrauch machen[32]. Deshalb sind vor allem sachwidrige, willkürliche

---

[31] Zum ersten Überblick vgl. *Kloepfer / Malorny*, Öffentliches Recht, 2. Aufl. 1979, S. 34 ff.
[32] Siehe bereits *Leibholz*, S. 33, 88 f., 199, 222, 245; vgl. zum Ermessensmißbrauch auch ferner *Wolff / Bachof*, Verwaltungsrecht I, 9. Aufl. 1974, § 31 II d 2, S. 200, 201; vgl. ferner § 40 VwVfG, § 114 VwGO.

28   C. Gleichheit als Rechtsanwendungsgleichheit

Erwägungen verboten. Eine weitere wesentliche interne Bindung der gelockerten Gesetzesbindung liegt vor allem durch die Selbstbindung der Verwaltung[33] (durch gleichförmige rechtmäßige Ermessensausübung über längere Zeit) vor, von der nur bei Vorliegen eines sachlichen Grundes abgewichen werden darf. Ansonsten würde Art. 3 Abs. 1 GG verletzt.

Damit wird freilich der Ausgangspunkt der Rechtsanwendungsgleichheit — im materiellen Sinne — verlassen und übergeleitet zur Rechtsetzungsgleichheit als dem heute — nach dem Sieg des Gesetzesvorrangs und der weithin (nicht überall[34]) durchgesetzten Gesetzesbefolgung — eigentlich interessierenden Gleichheitsproblem.

---

[33] Siehe dazu ebenfalls *Wolff / Bachof*, § 31 II d 2 a β, S. 201; ferner *Mertens*, Die Selbstbindung der Verwaltung auf Grund des Gleichheitssatzes, 1963, sowie *Wallerath*, Die Selbstbindung der Verwaltung, 1968.

[34] Z. B. nicht an bestimmten Problemhochschulen; vgl. dazu *Kloepfer*, in: Bilanz einer Reform, Denkschrift zum 450jährigen Bestehen der Philipps-Universität in Marburg, 1977, S. 256 ff.

D. Gleichheit als Rechtsetzungsgleichheit

1. Gleichheit als Recht auf gleiches Recht

Gleichheit durch gleiche Rechtsanwendung ist überhaupt nur dort erreichbar, wo die angewandte Norm selbst Gleichheit normiert. Gleichheit durch Rechtsanwendung ist grundsätzlich nur bei gleichem Recht erzielbar. Deshalb kann im Prinzip — auf die quasi normerzeugende Sondererscheinung der exekutiven Selbstbindung war bereits hingewiesen worden — die durch Rechtsanwendungsgleichheit vermittelte Gleichheit des Norminhalts nicht weiter reichen als der Norminhalt selbst. Bei der Rechtsanwendung als Transformation des abstrakt generellen Norminhalts auf den konkret individuellen Einzelfall kann — jedenfalls ohne eigene Rechtsschöpfung — nicht mehr Gleichheit transformiert werden als in der Norm selbst enthalten ist. Deshalb ist die Rechtsanwendungsgleichheit keine wirkliche Gewähr der Gleichheit, wenn nicht die Gleichheit im Gesetz gewährleistet ist, also nicht nur Gleichheit vor dem Gesetz, sondern auch Gleichheit durch das Gesetz. Dabei ist Gleichheit durch ein Gesetz natürlich wieder nur bei Rechtsanwendungsgleichheit gewährleistet. Wegen dieser unvollkommenen Gleichheitssicherung durch die bloße Rechtsanwendungsgleichheit ist diese häufig auch als bloß formale Gleichheit bezeichnet worden[35].

2. Gleichheit als Recht auf gerechtes Recht

a) Folgerichtig ist ihr mit der Forderung nach Rechtsetzungsgleichheit ein materieller Gleichheitssatz gegenübergestellt worden, mit dem der Gesetzgeber gezwungen werden soll, unter Gerechtigkeitsgesichtspunkten gleiche Sachverhalte gleich und ungleiche Sachverhalte ungleich zu behandeln[36]. Damit wird unter dem Aspekt des Gleichheits-

---

[35] Zum Begriff der „formalen" Gleichheit vgl. bereits schon *Hesse*, Der Grundsatz der Gleichheit vor dem Gesetz im Deutschen Staatsrecht, Diss. jur. 1950, S. 86 ff.

[36] Heute allgemeine Ansicht, vgl. insbesondere BVerfGE 1, 14 (52); vgl. ferner generell zum Aspekt Gleichheit—Gerechtigkeit, *Del Vecchio*, Gleichheit und Ungleichheit im Verhältnis zur Gerechtigkeit, in: Festschrift für Leibholz, 1966, Bd. I, S. 609 ff.

satzes mit der Gegenüberstellung von formeller und materieller Gleichheit die bekannte Aufteilung in einen formellen und materiellen Rechtsstaatsbegriff[37] wiederholt und spezifiziert. In der Tat hindert ein formaler Rechtsstaatsbegriff wie ein formaler Gleichheitsbegriff nicht das Unrecht — etwa in Form der Nürnberger Gesetze —, wenn nur der Form des abstrakt generellen Gebots und der formalen verfassungsrechtlichen Zuständigkeitsordnung genügt ist. In gewisser Hinsicht erweist sich die Rechtsanwendungsgleichheit (bzw. der Gesetzesvorrang) sogar als Instrument zur Durchsetzung von Unrecht in gesetzgeberischer Form: z. B. wäre ein die Juden diskriminierendes Gesetz nach der Rechtsanwendungsgleichheit auf jeden Juden anzuwenden. So wie aber der materielle Rechtsstaat entscheidend auf die materielle Gerechtigkeit verpflichtet ist, gilt dies auch für den Gleichheitssatz. Er muß mit materiellen Gerechtigkeitsgehalten aufgefüllt werden. Der Gleichheitssatz gibt keinen Anspruch auf gleich ungerechte oder gleich rechtswidrige Behandlung. Desgleichen muß der Gleichheitssatz mit Freiheitsgehalten des Grundgesetzes aufgefüllt werden, so wie die grundgesetzliche Freiheitlichkeit Bestandteil des materiellen Rechtsstaatsbegriffs ist. Die Gleichheit in Unfreiheit ist nicht die grundgesetzlich gemeinte Freiheit[38] ebensowenig wie die Gleichheit auf — sozialstaatswidrige — Nichtverfügbarkeit des Existenzminimums[39].

b) Der formelle Gleichheitssatz kann nicht nur durch Freiheitlichkeit und Gerechtigkeit aufgefüllt werden, sondern auch mit materieller Gleichheit (i. S. einer Pflicht des Gesetzgebers zur Gleichbehandlung gleicher Sachverhalte und einer Ungleichbehandlung ungleicher Sachverhalte) selbst. Dabei geht die Auffüllung mit Gerechtigkeits- und Gleichheitsgedanken oft Hand in Hand, was durch das in Art. 3 Abs. 1 GG verankerte Willkürverbot eindrücklich belegt wird. Wie die Hinwendung zum materiellen Rechtsstaatsbegriff selbst ist auch die Besinnung auf einen materiellen Gleichheitssatz vom Mißtrauen gegenüber

---

[37] Zur Unterscheidung zwischen formellem und materiellem Rechtsbegriff vgl. als erste Übersicht *Schnapp*, in: von Münch, Grundgesetz-Kommentar, Bd. 1, 1975, Rdn. 22 zu Art. 20; vgl. speziell zum formellen Rechtsstaatsbegriff, *C. Schmitt*, Verfassungslehre, 4. Aufl. 1965, S. 130 f. sowie *Forsthoff*, in: Festschrift für C. Schmitt, 1959, S. 35 ff. und zum materiellen — auf die Idee der Gerechtigkeit bezogenen — Rechtsstaat, *Roellecke*, Politik und Verfassungsgerichtsbarkeit, 1961, S. 93 sowie *Wertenbruch*, in: Festschrift für Jahrreiß, 1964, S. 487 ff.
[38] *Dürig*, Gleichheit, in: Recht — Wirtschaft — Gesellschaft, 6. Aufl., Bd. 3, 1957, Sp. 983 ff.
[39] Zu dieser häufig auch unter dem Begriff: Anspruch auf Fürsorge gebrauchten verfassungsrechtlichen Vorstellung siehe *Kloepfer*, Grundrechte als Entstehenssicherung und Bestandsschutz, 1970, S. 3 ff., S. 15 N. 73.

dem Gesetzgeber, von der Notwendigkeit der Kontrolle der Legislative bestimmt. Materieller Rechtsstaatsbegriff und materielles Gleichheitsverständnis sind Ausflüsse der auch in Art. 20 Abs. 3 GG enthaltenen Verfassungsbindung der Gesetzgebung. So wie die Rechtsanwendungsgleichheit eine gleichheitsbezogene Widerspiegelung des Prinzips der Gesetzesbindung der Exekutive und Judikative darstellt, ist die Rechtsetzungsgleichheit die Konkretisierung der Verfassungsbindung der Legislative unter dem Gleichheitsaspekt. Bezüglich der Differenzierungsverbote von Art. 3 Abs. 2 und 3, 33 Abs. 1 bis 3, 38 Abs.1 GG ist der Bezug (vorwiegend) zum Gesetzgeber besonders auffällig. Aus den hier enthaltenen verfassungshohen besonderen Differenzierungsverboten kann nicht gefolgert werden, daß eine Differenzierung im Rahmen von Art. 3 Abs. 1 GG beliebig möglich wäre. Vielmehr ist auch hier von einem prinzipiellen Gleichbehandlungsgebot (bei gleichen Sachverhalten) für den Gesetzgeber auszugehen, das allerdings durchbrochen werden darf.

So tritt neben die auf die Gesetzesbindung von Exekutive und Judikative gegründete, stärker individualisierende Rechtsanwendungsgleichheit (i. S. eines Grundrechts auf Gesetzesmäßigkeit) eine auf die Verfassungsbindung der Legislative gestützte stärker generalisierende Rechtsetzungsgleichheit, die wegen der einschlägigen Rechtsprechung des Bundesverfassungsgerichts immer mehr zum Grundrecht auf Gerechtigkeit wird.

3. Zur Rechtsprechung des Bundesverfassungsgerichts

a) Die h. M. zum Verständnis der Rechtsetzungsgleichheit wird heute maßgeblich vom Bundesverfassungsgericht geprägt. Bei steter Orientierung am Gerechtigkeitsgedanken hat der Gesetzgeber hiernach rechtlich bedeutsam Gleiches gleich, rechtlich bedeutsam Ungleiches ungleich zu behandeln. Der Gleichheitssatz soll aber — im Sinne eines Willkürverbots[40] — nur dann verletzt sein, „wenn sich ein vernünftiger, aus der Natur der Sache ergebender, sachlich einleuchtender Grund für die gesetzliche Differenzierung oder Gleichbehandlung nicht finden läßt, kurzum als willkürlich bezeichnet werden muß"[41]. Bei Verschiedenheiten

---

[40] Siehe dazu *Dürig*, in: Maunz / Dürig, GG, Bd. I, Art. 3 Abs. 1, Rdn. 278 ff., 331 ff., sowie hier die Nachweise in Anm. 41, 42.
[41] Siehe BVerfGE 1, 14 (52). Dabei handelt es sich nicht um subjektive, sondern um rein objektive Willkür — BVerfGE 2, 266 (281) —, die sich immer nur in bezug auf die Eigenart eines konkreten Sachverhalts feststellen läßt;

D. Gleichheit als Rechtsetzungsgleichheit

in einem Gesetz muß ein innerer Zusammenhang zwischen den vorgefundenen Verschiedenheiten und der differenzierenden Regelung bestehen[42]. Dabei darf freilich nicht übersehen werden, daß dies kein abstrakt-theoretischer Diskurs über das Wesen der Gleichheit ist, sondern eine auf praktische Rechtsfolgen bezogene Argumentation. Durch die „Reduzierung" des Gleichheitssatzes zum Willkürverbot[43] wird die einschlägige Prüfungsbefugnis des Bundesverfassungsgerichts gegenüber dem Gesetzgeber durch das Gericht selbst in einem zentralen Bereich begrenzt. Diese weise richterliche Selbstbeschränkung durch Gleichheitsinterpretation trägt der Tatsache Rechnung, daß das Bundesverfassungsgericht kein Neben- oder gar Obergesetzgeber ist oder werden darf.

b) Die Sicht der Rechtsetzungsgleichheit als (ein im materiellen Rechtsstaatsprinzip ohnehin enthaltenes) Willkürverbot (freilich wieder mit individual grundrechtlicher Erzwingbarkeit) enthält keine besonders starke Einschränkung der gesetzgeberischen Entscheidungsfreiheit. Im Gegenteil, das Bundesverfassungsgericht betont in seiner Gleichheitsjudikatur ständig diese gesetzgeberische Entscheidungsfreiheit[44], wenn es ausführt, daß es nur die äußersten Grenzen der Legislative zu kontrollieren, d. h. insbesondere nicht zu prüfen hat, ob die gerechteste und zweckmäßigste gesetzliche Regelung vorliegt[45], ja, wenn es sogar

---

BVerfGE 17, 122 (130). Es muß für die getroffene Regelung ein sachgerechter Grund vorliegen (BVerfGE 4, 143 [155]). In diesem Sinne hat z. B. das OVG Lüneburg, DÖV 1969, S. 369 = DVBl. 1969, S. 875, die ungleiche Subventionierung zwischen Theatern öffentlich-rechtlicher Körperschaften und privaten Wanderbühnen für zulässig gehalten.

[42] Siehe etwa BVerfGE 26, 72 (76); vgl. als Beispielsfall etwa BVerfGE 13, 225 (228), wo es das BVerfG für verfassungsgemäß gehalten hat, daß Bahnhofsapotheken — wegen der speziellen Aufgabe der Medikamentenversorgung für die Bevölkerung — im Gegensatz zu allen anderen Verkaufsstellen in Personenbahnhöfen den Bestimmungen des Ladenschlußgesetzes unterworfen bleiben.

[43] Seit BVerfGE 1, 14 (52) fortlaufende Rechtsprechung des Bundesverfassungsgerichtes; vgl. die „Kurzformel" in BVerfGE 4, 144 (155); 15, 167 (201); 27, 364 (371 f.); vgl. ferner zum Willkürverbot BVerwGE 39, 1 (4); BAG, NJW 1972, S. 2327. Siehe dazu die nachdenkenswerten Äußerungen von *Dürig*, Gleichheit, Staatslexikon, 6. Aufl., Bd. 3, 1959, Sp. 983 ff. Vgl. ferner die kritische Stellungnahme im Schrifttum bei *Ipsen*, S. 184; *Apelt*, JZ 1951, S. 353 (358); *Hesse*, AöR 77 (1951/1952), S. 215 (219) und vor allem W. *Böckenförde*, Der allgemeine Gleichheitssatz und die Aufgabe des Richters, 1957, S. 49 ff., der die inhaltliche Bestimmung des Gleichheitssatzes als Willkürverbot als zu ungenau rügt.

[44] Vgl. BVerfGE 3, 162 (182); 25, 269 (292); siehe ferner *Rupp*, in: Bundesverfassungsgericht und Grundgesetz, Bd. II, 1976, S. 364 (372 ff.) und *Podlech*, Gehalt und Funktionen des allgemeinen verfassungsrechtlichen Gleichheitssatzes, 1971, S. 88 sowie *Gubelt*, zu Art. 3 GG, Rdn. 20.

[45] Vgl. z. B. BVerfGE 3, 162 (182); 12, 326 (337 f.); 38, 1 (17).

nur evident unsachliche Regelungen als einen Verstoß gegen Art. 3 Abs. 1 GG bewertet[46]. Der Gesetzgeber soll im Rahmen äußerster Grenzen frei sein, die für die Anwendung des Gleichheitssatzes so wichtige Auswahl des Vergleichspaares der als „gleich" zu bewertenden Sachverhalte[47] und des entscheidenden Gleichheitsmaßstabes, die Abgrenzung des von einem Gesetz betroffenen Personenkreises[48] bzw. der von ihm erfaßten Fälle vorzunehmen, und das Gesetzessystem, die Mittel der Durchsetzung, das Datum des Inkrafttretens etc. zu bestimmen. Dabei soll er vor allem auch aus Gründen der Praktikabilität typisieren und generalisieren dürfen.

Es darf also nicht übersehen werden, daß die Verfassung nach der zutreffenden Ansicht des Gerichts nur ein Mindestmaß verfassungserzwungener Gleichheit bzw. Ungleichheit bei der Rechtsetzung fordert. Dem Gesetzgeber bleibt also — insbesondere im wirtschafts- und sozialgestaltenden Bereich — ein breiter Raum politischer Gestaltungsfreiheit, ob er einen stärker nivellierenden oder differenzierenden Kurs steuern will. Bei diesem Ansatz des Schutzes der gesetzgeberischen Gestaltungsfreiheit bei Umreißung der Wirkungskraft von Art. 3 Abs. 1 GG ist es nur folgerichtig, wenn das Bundesverfassungsgericht bei einem teilweisen gleichheitswidrigen legislativen Unterlassen des Normgebers es ablehnt, eine ohne sachlichen Grund, d. h. willkürlich nur partiell gewährte Begünstigung unmittelbar durch seine Entscheidung auf einen weiteren Personenkreis zu erstrecken[49]. Regelmäßig hebt das Gericht in derartigen Fällen nur das gleichheitswidrige Gesetz, z. B. ein Subventionsgesetz, auf, was etwa bei einer Verfassungsbeschwerde eines ungleich Nicht-Begünstigten dazu führt, daß die Entscheidung ihm unmittelbar selbst keine Begünstigung — die Subvention — bringt. Er kann nur hoffen, daß der Gesetzgeber die vom Bundesverfassungsgericht gerissene Lücke so füllt, daß auch er einen gesetzlichen Leistungsanspruch erhält.

c) Der gesetzgeberischen Gestaltungsfreiheit entspricht die schwierige Justiziabilität des vagen Gleichheitssatzes. Deshalb ist es zutreffend, wenn das Bundesverfassungsgericht gewisse Differenzierungen und Typisierungen in den Bereichen gesetzgeberischer Betätigung vor-

---

[46] Siehe etwa BVerfGE 12, 326 (333).
[47] Vgl. dazu BVerfGE 21, 12 (26 f.): Pflicht zur sachgerechten Auswahl der als „gleich" zu bewertenden Sachverhalte; siehe ferner *Lepa*, Der Inhalt der Grundrechte nach der Rechtsprechung, 3. Aufl. 1976, S. 54.
[48] Siehe etwa BVerfGE 18, 288 (301 f.).
[49] Vgl. vor allem BVerfGE 6, 257 (264, 266); 8, 28 (36 ff.).

D. Gleichheit als Rechtsetzungsgleichheit

sieht[50] und letztlich Ungleichheiten in der Rechtsetzungsgleichheit schafft. Dies gilt nicht nur bezüglich der Gleichheitsaussagen außerhalb von Art. 3 Abs. 1 GG (z. B. Gleichberechtigung — Art. 38 Abs. 1 GG) oder für gleichzeitige Abstützungen auf andere Grundrechte (z. B. Art. 5 Abs. 1 und 3 GG[51] oder Art. 6 Abs. 1 GG), sondern gerade auch für Art. 3 Abs. 1 GG selbst. So etwa, wenn es im Bereich wirtschaftslenkender[52] oder — hier wohl auch wegen des (nach h. M.) fehlenden Vorbehalts des Gesetzes — gewährender Staatstätigkeit[53], sowie im Bereich der Beamtenbesoldung[54], einen besonders weiten (Handlungs- und) Prognosespielraum annimmt, im Bereich der Abgrenzung und Zuteilung politischer Rechte dagegen den Spielraum erheblich verengt. In diesen sich künftig wahrscheinlich eher noch verstärkenden Differenzierungstrend bei Bestimmung der Rechtsetzungsgleichheit gehört auch der Versuch, die Wirkung des Gleichheitssatzes für einzelne Sachmaterien abzugrenzen und hier spezifische Aussagen zu entwickeln. Somit werden gewisse Gerechtigkeitstypen erkennbar[55] (z. B. Steuergerechtigkeit[56], Gebührengerechtigkeit, Besoldungsgerechtigkeit, Subventionsgerechtigkeit, Wehrgerechtigkeit etc.); es entwickeln sich also spezifische Sachgerechtigkeiten für verschiedene Lebensbereiche und d. h. (meistens) ebenfalls für verschiedene Grundrechtsbereiche[57]. Im Prinzip scheint diese Differen-

---

[50] So BVerfG 22, 100 (103) zur Typisierung des Gesetzgebers bei Massenerscheinungen; vgl. auch *Rupp*, S. 377 ff.; ferner *Klein*, in: Schmidt-Bleibtreu/ Klein, zu Art. 3 GG, Rdn. 17 sowie *Gubelt*, zu Art. 3 GG, Rdn. 13 ff.

[51] Siehe z. B. BVerfGE 36, 321 (330 ff.) — USt für Schallplatten —.

[52] Dazu etwa: BVerfGE 18, 315 (331).

[53] BVerfGE 28, 206 (214); 29, 337 (339); 36, 230 (235, 236); vgl. ferner *Klein*, in: Schmidt-Bleibtreu / Klein, zu Art. 3 GG, Rdn. 10; *Leibholz*, S. 254 und *Ipsen*, S. 113 und 164.

[54] BVerfGE 13, 356 (362); 26, 110 (116, 163).

[55] Eine Querschnittsdifferenzierung bietet die Ungleichbehandlung bei Gesetzesänderungen, die trotz der in ihnen liegenden Ungleichbehandlung grundsätzlich zulässig bleiben — BVerfGE 4, 219 (246); bestimmte Ansätze in der Rechtsprechung des Bundesverfassungsgerichts bemühen sich freilich um eine zusätzliche Legitimation — z. B. bei korrekturbedürftigen Gesetzen — BVerfGE 13, 39 (43) —. Insbesondere mit der Figur der Systemwidrigkeit wird die Ungleichbehandlung durch Gesetzesänderung in ersten Ansätzen limitiert — BVerfGE 12, 264 (273); 7, 129 (153) sowie E 11, 64 (71).
Interessant ist auch der augenscheinlich in BVerfGE 33, 171 (189 f.) angenommene größere Eingriffsraum in die Gleichheit während des Anfangsstadiums eines Gesetzes, um dem Gesetzgeber eine angemessene Zeit zur Sammlung von Erfahrungen einzuräumen; vgl. auch BVerfGE 37, 38 (56 f.); 37, 104 (118); 41, 269 (283); dies hängt zusammen mit einer stärker gelockerten Verfassungsbindung bei Experimentier- oder Probegesetzen, weil hier Experimente möglichst frei sein sollen und ungleiche Eingriffe vorläufig bleiben.

[56] Zum Gleichheitssatz im Steuerrecht vgl. etwa *F. Klein*, Gleichheitssatz und Steuerrecht, 1966.

zierung des Gleichheitssatzes in sich selbst schon aus seiner weiten, die gesamte Rechtsordnung, d. h. ihre verschiedenen Teile erfassenden Wirkungskraft gerechtfertigt. Er wird von den Besonderheiten der Gebiete, auf die er angewandt wird, geprägt.

---

[57] Zur Sachgerechtigkeit im Hinblick auf das jeweilige Schutz- und Ordnungsziel eines Grundrechts *Badura / Rittner / Rüthers*, Mitbestimmungsgesetz 1976 und Grundgesetz, 1977, S. 283; folgend *Wendt*, AöR 104 (1979), S. 415 (423); siehe auch unten S. 59.

E. Gleichheit als Chancengleichheit

1. Chancengleichheit und Gleichheitsvorverlagerung

a) Rechtsanwendungsgleichheit und Rechtsetzungsgleichheit wiederholen als Grundrechte auf Gesetzesmäßigkeit, Verfassungsmäßigkeit und Gerechtigkeit (i. S. von Willkürfreiheit) im wesentlichen nur rechtsstaatliche Grundsätze, die ohnehin in der Verfassung vorgesehen sind. Immerhin wird die individualrechtliche Erzwingbarkeit verfassungsrechtlich gesichert. Freilich gefährdet eine solche Deutung des Gleichheitsgrundsatzes als Grundrecht auf Rechtsstaatlichkeit den Selbstand der Gleichheitsidee. Im Sinne der Forderung nach sozialer Gleichheit scheint diese Idee in der immer wieder erhobenen Verfassungsforderung nach Chancengleichheit[58] (und nach grundrechtlichen Teilhabeansprüchen) fortzuleben. Fest steht vorab, daß das Sozialstaatsprinzip Differenzierungen zugunsten sozialschwächerer Bevölkerungsschichten[59], nicht aber eine gleichheitsauflösende Sozialgestaltung[60] zuläßt.

b) Dabei scheint sich die Chancengleichheit in einen breiten Trend zur Vorverlagerung des Gleichheitssatzes i. S. einer Vorfeldversicherung einzufügen. Die Rechtsetzungsgleichheit kann zunächst als Voraussetzungssicherung der Rechtsanwendungsgleichheit verstanden werden: Nur wenn das Gesetz eine gleiche Regelung vorsieht, kann die Rechtsanwendungsgleichheit Gleichheit gewährleisten. Der Gleichheitssatz wird gewissermaßen dadurch vorverlagert, daß von der gleichen Anwendung eines Rechtssatzes auf den gleichen Inhalt eines Rechtssatzes gefolgert wird. Diese Vorverlagerung des Gleichheitssatzes von der Normanwendung auf den Norminhalt läßt sich weitertreiben auf den Gegenstand des Norminhalts, auf das Regelungsobjekt. Wenn der Gleichheitssatz — i. S. d. Rechtsetzungsgleichheit — gebietet, Gleiches gleich und Ungleiches ungleich zu behandeln und der Gesetzgeber dem nachkommt, dann ist damit noch keine tatsächliche Gleichheit geschaffen, sondern

---

[58] Siehe dazu *Kloepfer*, Grundrechte als Entstehenssicherung und Bestandsschutz, 1970, S. 94 ff.; *Gubelt*, Rdn. 48 zu Art. 3.
[59] BVerfGE 29, 402 (412); 31, 306 (309).
[60] BVerfGE 12, 354 (367).

im Gegenteil: es werden grundsätzlich die tatsächlichen Gleichheiten rechtlich abgesichert und — wichtiger noch — die tatsächlichen Ungleichheiten rechtlich nachgezeichnet und festgeschrieben[61]. Begrenzte Abschleifungen sind nur im Rahmen der gesetzgeberischen Typisierungs- und Gestaltungsbefugnis möglich. Immerhin bleibt es im Prinzip dabei, daß die Rechtsetzungsgleichheit (vollzogen durch die Rechtsanwendungsgleichheit) eher geeignet ist, bestehende tatsächliche Ungleichheit rechtlich zu konservieren als sie zu verändern.

c) Ist es deshalb möglich, den verfassungsrechtlichen Gleichheitssatz auf die Gegenstände seiner Anwendung — die tatsächlichen Lebensverhältnisse — vorzuverlagern und als Auftrag zur Erstellung tatsächlicher Gleichheit zu verstehen[62]? Damit keine Mißverständnisse auftauchen: es geht hier nicht um die bekannte grundsätzliche Gegenüberstellung von Verfassungsgebot und Verfassungswirklichkeit[63], nicht um den für das Recht typischen Gegensatz von Sollen und Sein[64], sondern vielmehr um die Bestimmung des Verfassungsgebots selbst. Beschränkt der Gleichheitssatz sich darauf, nur die Gleichbehandlung tatsächlich gleicher Sachverhalte zu gebieten oder fordert er, aus tatsächlich ungleichen Sachverhalten tatsächlich gleiche zu machen? Wohlgemerkt, es geht nicht um die Frage, ob der Gesetzgeber Ungleiches gleich behandeln kann oder darf, sondern darum, ob die Verfassung gebietet, auf den Abbau bestehender Ungleichheiten zu drängen, damit dann tatsächlich Gleiches auch rechtlich gleich behandelt werden kann.

2. Chancengleichheit und Leistungsgrundrechte

a) Einer Grundrechtsdogmatik im verfassungsgebotenen Sozialstaat kann und darf es nicht gleichgültig sein, wenn die rechtsstaatlichen

---

[61] Richtig ist hingegen die Erkenntnis von BVerfGE 19, 1 (9 f.), wonach die Rechtsungleichheit keine tatsächlichen Unterschiede begründet, sondern im Hinblick auf Art. 3 GG gerade der Rechtfertigung bedarf. Freilich führt die Anwendung von Rechtsungleichheiten schließlich auch zu tatsächlichen Unterschieden.

[62] Nach BVerfGE 3, 58 (158) trifft den Gesetzgeber die Pflicht, vorgefundene tatsächliche Unterschiede dann zu beseitigen, wenn sie mit den Erfordernissen der Gerechtigkeit unvereinbar sind.

[63] Vgl. hierzu grundlegend *Hennis*, Verfassung und Verfassungswirklichkeit, 1968.

[64] *Radbruch*, Rechtsphilosophie, 5. Auflage, herausgegeben von E. Wolf, 1956, S. 97 ff., insbesondere zum Sollenssatz S. 101 ff. und ferner *Verdross*, Abendländische Rechtsphilosophie, 2. Aufl. 1963, S. 42, 82, 156, 191, 205; vgl. insbesondere neuerlich zur Sein-Sollen-Distinktion *Radnitzky*, in: Salamun (Hrsg.), Sozialphilosophie als Aufklärung, Festschrift für Ernst Topitsch, 1979, S. 459 ff.

Gehalte der Verfassung zwar gleiche Freiheit für alle sichern, die tatsächlich verschiedenen Voraussetzungen und Möglichkeiten der Ausübbarkeit von Freiheit aber außer Betracht lassen[65]. Die tatsächliche Geltung von Freiheitsrechten — ihre Effektivität — gehört zu den noch immer nicht völlig geklärten sozialstaatlichen Fragen an den Rechtsstaat. Die Spannungen zwischen diesen rechtsstaatlichen und sozialstaatlichen Gehalten spiegeln sich auch in einem differenzierten Verständnis des Gleichheitssatzes mit unterschiedlichen Aspekten wider. Den gewissermaßen rechtsstaatlichen Gleichheitsgehalten der Rechtsanwendungsgleichheit und der Rechtssetzungsgleichheit wird die sog. Chancengleichheit[66] als vermeintlich sozialstaatliche Gleichheitsausprägung zugesellt oder gegenübergestellt. Damit ist die Forderung primär nach mehr tatsächlicher Gleichheit bzw. nach gleichen tatsächlichen Startchancen für eine gedehnt zu sehende Entwicklung — z. B. die Erziehung eines Kindes — gemeint. Ausdrücklich verankert das Grundgesetz diesen Gedanken insbesondere in seinem Art. 6 Abs. 5 GG für die unehelichen Kinder, denen hiernach „durch die Gesetzgebung die gleichen Bedingungen für ihre leibliche und seelische Entwicklung und ihre Stellung in der Gesellschaft zu schaffen ist wie den ehelichen Kindern". Auch in Art. 7 Abs. 4 GG ist der Gedanke der Chancengleichheit rudimentär — im Sinne egalitärer Forderungen — vorhanden, wenn dort für private Ersatzschulen das Genehmigungserfordernis aufgestellt wird, daß durch eine derartige Schule eine „Sonderung der Schüler nach den Besitzverhältnissen der Eltern" nicht gefördert wird. Ob und inwieweit allerdings über diese Verfassungsbestimmungen hinaus die Chancengleichheit als umfassendes Verfassungsgebot verstanden werden kann, ist bislang umstritten.

b) Diese Frage scheint sich partiell mit der viel erörterten Problematik zu decken, ob die Verfassung grundrechtliche Leistungs- oder Teilhabeansprüche kennt[67]. Dem kann hier nicht im einzelnen nachgegangen werden. Eine tragfähige Antwort bedarf dabei nämlich einer ausgefeilten Differenzierung zwischen den verschiedenen Formen grundrecht-

---

[65] Siehe dazu etwa *Kloepfer*, Grundrechte als Entstehenssicherung und Bestandsschutz, 1970, passim, S. 86 ff.

[66] Allgemein zur Chancengleichheit vgl. etwa *Scholler*, Die Interpretation des Gleichheitssatzes als Willkürverbot oder als Gebot der Chancengleichheit, 1969; *Kloepfer*, S. 94 ff.; sowie ders., ZRP 1978, S. 121 f.

[67] Vgl. dazu BVerfGE 33, 303 (330 ff.); 43, 291 (313 ff.) sowie *Kloepfer*, Grundrechte als Entstehenssicherung und Bestandsschutz, 1970, S. 2 ff.; *Martens* und *Häberle*, VVDStRL 30 (1972), S. 7 ff.; 43 ff.; *von Mutius*, Verw.Arch 64 (1973), S. 183 ff.; *Rupp*, AöR 101 (1976), S. 161 (176 ff., 183 ff.) und *Krebs*, DVBl. 1977, S. 632, insbesondere S. 634 f.

2. Chancengleichheit und Leistungsgrundrechte

licher Leistungsrechte[68]. Auszugehen ist davon, daß derartige Leistungsrechte weniger Ursache als vielmehr Antwort auf staatliche — oft sozialstaatlich motivierte — Leistungsgewähr sind, wobei der Gleichheitssatz durch das Angleichen an schon erbrachte staatliche Leistungen vielfach als Vorhut subjektivrechtlicher Tendenzen fungiert[69]. Diese Tendenzen erklären und legitimieren sich zunächst aus dem Bestreben, den leistungsgewährenden Staat individualrechtlich unter Kontrolle zu bekommen, so wie es Sinn der klassischen Abwehrgrundrechte ist, den hoheitlich eingreifenden Staat individualrechtlich einzugrenzen und zu steuern[70].

Werden grundrechtliche Leistungsansprüche primär als Konsequenz (und nicht als Ursache) sozialstaatlicher Aktivitäten — als Konzentrat des geltenden Sozialleistungsrechts[71] — gesehen, dann gewinnen sie freilich leicht die — politisch nicht unumstrittene — Funktion der verfassungsrechtlichen Absicherung sozialstaatlicher Besitzstände, d. h. staatlich gewährter sozialer bzw. sozialrechtlicher Ansprüche. Die Leistungsgrundrechte werden zu einer sozialstaatlichen Mindest-status-quo-Garantie. Damit zeigen sich zugleich Gefahr und Grenzen derartiger Ableitungen von Leistungsgrundrechten aus vorangegangenem sozialstaatlichem Tun: Die Interpretation der Sozialstaatsgarantie als Gewährleistung einer sozialpolitischen Einbahnstraße wäre möglicherweise eine Überforderung und damit wohl auch eine Gefährdung des Sozialstaats selbst. Was die Verfassung leisten kann, ist die Gewährleistung sozialpolitischer Kontinuität im Wandel, d. h. die schonende Veränderung sozialstaatlicher Positionen. Auf jeden Fall müßten auch Leistungsgrundrechte aus vorangegeangenem sozialstaatlichen Tun einschränkbar sein.

c) Soweit Leistungsgrundrechte nicht als Folge, sondern als Ursache sozialstaatlicher Aktivitäten verstanden werden, gewinnt die verfassungsrechtliche Frage nach Leistungsrechten einen echten Selbstand. Heute ist — in welchen auch immer — grundsätzlich weitgehend akzeptiert, daß (jedenfalls bei einigen Grundrechten) auch die tatsächlichen Voraussetzungen eines Freiheitsrechts durch die Verfassung in einem

---

[68] Siehe im einzelnen zur Auffächerung und Entwicklung der verschiedenen Grundrechte als Leistungsrechte, *Kloepfer*, S. 2—14.
[69] *Kloepfer*, S. 2 mit weiteren Nachweisen.
[70] *Kloepfer*, S. 2 unter Hinweis auch auf BVerwGE 9, 78 (80).
[71] Zur Sicht der Verfassung auch als Konzentrat des Unterverfassungsrechts vgl. *Lerche*, Werbung und Verfassung, 1967, S. 33 f.; ders. in: Maunz-Festgabe 1971, S. 286.

40 E. Gleichheit als Chancengleichheit

Mindestumfang mitgeschützt werden können[72]. Alles dies steht jedoch unter dem Vorbehalt des finanziell Möglichen[73].

Der Grundrechtsvoraussetzungsschutz ist in vielen Erscheinungsformen vorstellbar[74] und wird zu Unrecht meist auf die Frage nach sozialen Teilhaberechten, nach grundrechtlichen Leistungsansprüchen verkürzt. Sozialstaatlich dürften diese Ansprüche etwa über das vitale Existenzminimum (Art. 2 Abs. 2 GG) hinaus als Ansprüche grundsätzlich auf Verschaffung der Voraussetzungen eines grundrechtlichen Geltungsminimums — wie er etwa unter einem anderen, nämlich beschränkungsbezogenen Aspekt in Art. 19 Abs. 2 GG angesprochen wird — jedenfalls bezüglich einiger Grundrechte wohl begründbar sein. Indessen ist dieser Gesichtspunkt, der auf Verschaffung der Ausübungsvoraussetzungen von Freiheitsrechten, auf reale Grundrechtlichkeit zielt, auf den Gedanken der Chancengleichheit nicht ohne weiteres übertragbar[75]. Denn hier kann nicht wirklich ein — vom Grundrecht als Rechtsgewährung abzulösendes — tatsächliches Schutzobjekt (z. B. Eigentum, Freiheit) der Verfassungsgarantie gegenübergestellt werden[76]. Gleichheit ist kein Lebensbereich, sondern ein Maßstab für die rechtliche Gestaltung von Lebensbereichen. Der Gleichheitssatz von Art. 3 Abs. 1 GG sichert Rechtmäßigkeit (Gesetzmäßigkeit), Verfassungsmäßigkeit, vielleicht auch Gerechtigkeit, aber unmittelbar keine tatsächlichen Schutzobjekte. Gleichheit kann man weder anfassen noch ausüben.

d) Im übrigen ist der Gedanke des Grundrechtsvoraussetzungsschutzes bei der Rechtsetzungsgleichheit gar nicht so ohne weiteres einseitig im Hinblick auf die Erstellung von mehr Gleichheit auslegbar, weil die Rechtsetzungsgleichheit doch — wie geschildert — auch gebietet, Ungleiches ungleich zu behandeln. Soll dann der Gleichheitssatz etwa auch die Erstellung von mehr tatsächlicher Ungleichheit gebieten, also fordern, daß tatsächlich Gleiches ungleich zu machen ist? Der Gleichheits-

---

[72] *Kloepfer*, passim, bes. S. 15 ff.
[73] BVerfGE 33, 303 (333 f.); siehe dazu etwa *Starck*, Bundesverfassungsgericht und Grundgesetz, Bd. II, 1976, S. 523. Vgl. zum Gebot gleicher Teilhabe die Berücksichtigung der Faktoren Größe und Verteilungszweck einer bestimmten Finanzmasse. Siehe im einzelnen *Gubelt*, zu Art. 3 GG, Rdn. 58; ferner *Friauf*, DVBl. 1971, S. 678 und *Heinze*, Autonome und heteronome Verteilung, 1970, S. 54 f.
[74] Vgl. *Kloepfer*, S. 17 ff., wo zwischen sachverhaltsverschaffendem, sachverhaltsermöglichendem, sachverhaltsförderndem, sachverhaltssicherndem, chancensicherndem und entstehenssicherndem Grundrechtsvoraussetzungsschutz unterschieden wird.
[75] So *Kloepfer*, S. 21 und 94 ff.
[76] Vgl. *Kloepfer*, S. 94.

satz in der Ausprägung der Rechtsetzungsgleichheit als Grundrecht auf Gerechtigkeit, d. h. als Grundrecht auf Willkürfreiheit, ist also nicht so ohne weiteres nur in Richtung auf mehr tatsächliche Gleichheit zu verstehen.

Freilich ist dies insgesamt dann doch wohl zu juristisch-professionell gedacht. Der Gedanke der Gleichheit als eine prägende Idee der Menschheitsgeschichte wird so in dem Käfig einer juristischen Kunstlehre gefangen. Die Verfassung ist aber nicht nur für die Juristen da. Sie ist eben nicht nur Rechtsnorm, sondern auch maßgeblicher Integrationsfaktor und enthält gerade in ihrem Grundrechtsteil festgeschriebene Menschheitshoffnungen und Reaktionen auf historische Unrechtserfahrungen. Es ist aber nun unhistorisch und schwächt stark die egalisierenden Gehalte der Gleichheitsidee, wollte man — mit der überwiegenden juristischen Ansicht — bei der Deutung des verfassungsrechtlichen Gleichheitssatzes ein Recht auf Ungleichheit mit dem gleichen Rang versehen wie das Recht auf Gleichheit. Mindestens durch das Sozialstaatsprinzip ist die historische Richtung auf mehr soziale Gleichheit aufgenommen, verstärkt und — partiell — verfassungsrechtlich verbindlich geworden. Insoweit steht das Recht auf Gleichheit auch im geltenden Verfassungsrecht im Vordergrund der Gleichheitsgarantie.

Gleichwohl macht die in Art. 3 Abs. 1 GG im Prinzip ebenfalls enthaltene Gewährleistung von rechtlicher Ungleichbehandlung bei vorgefundener tatsächlicher Ungleichheit noch vorsichtiger gegenüber durchgängigen Forderungen nach verfassungsrechtlich begründeter Erstellung tatsächlicher Gleichheit — jedenfalls über das angesprochene tatsächliche existentielle Freiheitsminimum hinaus. Dabei wird im übrigen ein Mindestmaß gleicher Freiheit um der Freiheit, nicht aber um der Gleichheit willen gewährt.

3. Rechtsstaatliche Chancengleichheit

a) Was ist nun von den vielfach von der Rechtsprechung[77] bereits anerkannten verfassungsrechtlichen Forderungen nach Chancengleichheit

---

[77] Siehe den Überblick bei *Kloepfer*, S. 94 ff.; zur Chancengleichheit im Wahlkampf siehe *Jülich*, Chancengleichheit der Parteien, 1967, S. 95 ff. und die dortigen Rechtsprechungsnachweise, insbesondere BVerfGE 34, 81 (98 ff.) (Gleichheit des Stimmengewichts); BVerfGE 8, 51, (51) (Parteienfinanzierung); BVerfGE 14, 121 (121) (Orientierung der Sendezeit zum Zwecke der Wahlpropaganda am Grundsatz der gleichen Wettbewerbschancen der politischen Parteien; BVerwGE 31, 368 (368) und 32, 333 (333) (Saalmiete) und BVerfGE 24, 300 (340 ff.) (Wahlkampfkostenerstattung). Vgl. ferner zur

im Wahlkampf (z. B. bei der Zuteilung von Sendezeiten im Rundfunk für Wahlkampfsendungen, der Anmietbarkeit öffentlicher Hallen, der Parteienfinanzierung), aber auch im Prüfungswesen (z. B. gegenüber Voreingenommenheiten der Prüfer, störend äußeren Einflüssen bei Prüfungen, unfairen Gestaltungen von Prüfungen, Nicht-Berücksichtigung von Krankheiten der Prüflinge etc.) und im Bildungswesen im allgemeinen sowie im Wettbewerb der öffentlichen Hand mit Privatunternehmen (Verbot der Ausnutzung hoheitlicher Vorteile) zu halten? Schließlich ist anerkannt, daß durch staatliche Subventionen die Chancengleichheit der Wettbewerber berührt wird, insbesondere weil die Wettbewerbschancen des Nicht-Subventionierten verschlechtert werden[78].

Kennzeichnend ist in allen diesen Fällen zunächst eine Vorverlagerung des verfassungsrechtlichen Schutzes insbesondere durch den Gleichheitssatz vor die Prüfungs- oder Wahlentscheidung (damit bei diesen Entscheidungen dann wirklich Gleiches gleich und wirklich Ungleiches ungleich behandelt werden kann) bzw. vor die ökonomische Behauptung am Markt. Es geht hierbei also um die Sicherung der Gleichheitschance, die Chance auf die richtige Anwendung des Gleichheitssatzes: die Chancengleichheit als Sicherung der Gleichheitschance[79].

b) Im Grunde ist eine derart verstandene Chancengleichheit im Sinne einer Vorfeldsicherung eine Besinnung auf das jeweils entscheidende wertende Merkmal der Gleichbehandlung bei der Rechtsanwendungs- und Rechtssetzungsgleichheit (z. B. politische Überzeugungskraft eines Wahlprogramms einer Partei im Vergleich zu anderen, die Leistung/ Begabung von Prüflingen im Hinblick auf andere, die spezifische wirtschaftliche Konkurrenzfähigkeit öffentlicher bzw. privater Unternehmen). Ohne Sicherung in der Vorfeldphase kann dieses für die Gleichheitsanwendung entscheidende Merkmal häufig nicht mehr korrekt festgestellt werden. Allerdings trifft den Staat typischerweise nur bei eige-

---

Chancengleichheit im Prüfungswesen *Pietzcker*, Verfassungsrechtliche Anforderungen an die Ausgestaltung staatlicher Prüfungen, 1975, S. 163 ff.; OVG Lüneburg, VwRspr. 8, 404 Aufnahmeprüfung für den Übergang von der Grundschule zur höheren Schule; BVerwG, DÖV 1965, S. 771 (der Grundsatz der Chancengleichheit wird verletzt, wenn nicht auch am zweiten Werktag vor der Prüfung eine Gerichtsbibliothek zur Vorbereitung des Vortrages benutzt werden kann); BVerwG, DVBl. 1959, S. 30 (Gewährung von Erleichterungen für Gehandikapte); BVerwG, DÖV 1980, S. 140, 141 (Verletzung der Chancengleichheit bei Entfernung vom Prüfungsgeschehen).
[78] Siehe die Nachweise bei *Pietzner / Ronellenfitsch*, Das Assessorexamen im Öffentlichen Recht, 2. Aufl. 1979, S. 55. (Hieraus folgert die h. M. der Zulässigkeit einer sog. Konkurrentenklage).
[79] *Kloepfer*, S. 95, 96 ff.

nen Aktionen die Pflicht zur Wahrung der Chancengleichheit, nicht aber im — zivilrechtlich zu ordnenden — Verhältnis von Privaten untereinander. Die Anbindung der Sicherung von Gleichheitschancen an die rechtsstaatlich geforderte Rechtsanwendungs- und Rechtsetzungsgleichheit erlaubt es, insoweit von einer rechtsstaatlichen Chancengleichheit zu sprechen. Diese wurzelt erkennbar in der (mit zunehmender Grundrechtssensibilität bedeutsam werdenden) Idee präventiver Grundrechtssicherung[80], nicht aber in Forderungen nach sozialer Gleichheit. Dabei kann nicht übersehen werden, daß bei einer Berufung auf die rechtsstaatliche Chancengleichheit häufig neben Art. 3 GG noch die Verletzung anderer Verfassungsbestimmungen gerügt wird (z. B. Art. 21 GG).

4. Sozialstaatliche Chancengleichheit

Die Herausarbeitung einer rechtsstaatlichen Chancengleichheit erledigt also nicht die Frage nach einer sozialstaatlichen Chancengleichheit, die auf den Gedanken sozialer Gleichheit, insbesondere also auf den Gedanken tatsächlicher Gleichheit — vor allem in finanzieller Hinsicht — beruht. Ob die neuerdings erhobene politische Forderung nach „Chancengerechtigkeit" wirklich eine inhaltliche statt einer nur terminologischen Alternative ist, mag bezweifelt werden. Trotz ihres Namens ist die Forderung nach Chancengleichheit im Prinzip nie als Postulat nach gleichen Lebensumständen verstanden worden, sondern im wesentlichen als (korrigierender) bevorzugender Ausgleich realer Nachteile. Dies kann auch ein Gebot einer Chancengerechtigkeit sein.

Verfassungsrechtlich entscheidend ist für das materielle Problem folgendes: Soziale Chancengleichheit (bzw. Chancengerechtigkeit) setzt reale soziale Chancen voraus. Wie erwähnt, ist aber eine leistende Bereitstellung realer Lebenschancen durch den Staat — jedenfalls über das angesprochene existentielle Grundrechtsminimum hinaus bzw. ohne vorausgegangenes sozialstaatliches Tun — grundsätzlich nicht aus der Verfassung ableitbar, soweit sich nicht aus anderen Verfassungsbestimmungen ausdrücklich etwas anderes ergibt (Art. 6 Abs. 5, 7 Abs. 4 GG). Dieser punktuell verankerte Gesichtspunkt der Chancengleichheit kann verfassungsrechtlich nicht beliebig ausgedehnt werden, was nicht ausschließt, daß der Staat im Rahmen der Verfassungsgrenzen eine Politik

---

[80] Hierzu gehört auch die grundrechtliche Entstehenssicherung. Vgl. *Kloepfer*, passim, bes. S. 21 und die dortigen Nachweise sowie die Erkenntnis einer grundrechtlichen Relevanz von Vorwirkungen von Gesetzen. Siehe hierzu im einzelnen ders., Vorwirkung von Gesetzen, 1974, passim, bes. S. 221.

E. Gleichheit als Chancengleichheit

sozialer Chancengleichheit verfolgt. Verfassungserfordert ist dies aber nicht. Der hart umkämpfte Bereich der Chancengleichheit im Bildungswesen (anders etwa als das Recht auf gleichen Zugang zu staatlichen Bildungseinrichtungen[81]) ist — in einem umfassenden Sinne — jedenfalls nicht Verfassungsgebot[82]. Das schließt nicht aus, sich für die Anwendung des Gleichheitssatzes im Bildungswesen auf das für Differenzierungen wesentliche Merkmal der Leistungsfähigkeit und Begabung der Schüler, Studenten etc. zu besinnen und Merkmale der sozialen Stellung der Eltern durch besondere Förderung in gewissem Ausmaß zu eliminieren. Verfassungsgeboten ist dies jedoch im Prinzip nicht.

---

[81] Siehe zum Recht auf gleichen Zugang zu staatlichen Bildungseinrichtungen etwa OVG Lüneburg, VwRspr. 8, 404; BVerfGE 37, 314 (323 ff.).
[82] Vgl. auch *Kloepfer*, ZRP 1978, S. 121 (121, 122); vgl. allgemein zu der Problematik auch *Dürig*, Rdn. 91 ff. zu Art. 3 Abs. 1 GG.

F. Gleichheit und Grundrechte

1. Gleichheit und Freiheit

a) Inhalt, Umfang und Grenzen des Gleichheitssatzes als Verfassungsaussage lassen sich nicht allein durch eine isolierte Deutung von Art. 3 Abs. 1 GG gewinnen. Vielmehr müssen zugleich immer auch die erwähnten vielfältigen anderen Konkretisierungen des Gleichheitssatzes in der Verfassung (insbesondere die Differenzierungsverbote in Art. 3 Abs. 2, 3; 33 Abs. 1—3 GG; Art. 136 Abs. 1, 2 WRV i. V. m. Art. 140 GG) und die angesprochenen Gleichheitsgehalte der Staatsstrukturprinzipien (Art. 20 Abs. 1—3; 28 Abs. 1 GG) bedacht werden. Wendet man sich dieser Einbettung des Gleichheitssatzes in die Staatsstrukturprinzipien zu, werden schnell spezifische Konfliktlagen deutlich, die das zentrale Problem der Begrenzung, Modifikation und Ausgestaltung der Gleichheit durch andere Verfassungsaussagen — vor allem auch durch Nicht-Gleichheits-Grundrechte, durch Freiheitsgarantien — aufwirft. Dabei werden vorrangig die Friktionen zwischen dem auch differenzierungsgeneigten Rechtsstaat (mit seinen Sicherungen bestehender Freiheitspositionen und seinen Garantien der individuellen Freiheitsentfaltung) einerseits und dem nivellierungsgeneigten Sozialstaat (mit seinem veränderungsbetonten Leitauftrag zur tendenziell egalisierenden sozialen Gerechtigkeit) andererseits bewußt.

b) Hierbei wird die Ur-Spannung zwischen Freiheit und Gleichheit[63] deutlich, die freilich keineswegs auf den allerdings besonders griffigen Gegensatz zwischen Rechtsstaat und Sozialstaat[64] verkürzt werden kann. Vielmehr ist diese Spannung zwischen Freiheit und Gleichheit auch in der Rechtsstaatsgarantie selbst zu finden, weil diese den Gesetzesstaat

---

[63] Siehe dazu etwa: *Dürig*, Rdn. 120 ff.; *Brückner*, Freiheit, Gleichheit, Sicherheit, 1975; *Greifenhagen*, Freiheit gegen Gleichheit, 1975; Zur Problematik Freiheit und Gleichheit unter Zugrundelegung der Sozialphilosophie *Kants, Luf*, Freiheit und Gleichheit, Forschungen aus Staat und Recht, Bd. 42, 1978.

[64] Zum Konflikt zwischen Rechtsstaat und Sozialstaat neben dem Sammelband: *Forsthoff* (Hrsg.), Rechtsstaatlichkeit und Sozialstaatlichkeit, 1968; ferner *Häberle*, VVDStRL 30 (1972), S. 90 ff.; *Zacher*, AöR 93 (1968), S. 341, 360 ff. sowie *Podlech*, Gehalt und Funktionen des allgemeinen verfassungsrechtlichen Gleichheitssatzes, 1971, S. 200 ff.; *Hesse*, Grundzüge des Verfassungsrechts der Bundesrepublik Deutschland, 11. Aufl. 1978, S. 76, 84 ff.

mit immanenten Verallgemeinerungs- und Differenzierungstendenzen (der Normierung und Normanwendung zugleich) ebenso voraussetzt wie die Garantie von Rechtsgleichheit einerseits und von Freiheitsrechten andererseits. Freiheit bedeutet aber stets insoweit auch die Chance zur Ungleichheit, als die Menschen untereinander verschieden sind und unterschiedliche Fähigkeiten, Bedürfnisse etc. haben und sich hiernach entfalten. Ungebundene, isolierte Freiheit wird im Ergebnis dazu führen, daß die Freiheit anderer beeinträchtigt oder gar zerstört wird, was etwa auch im vermachteten, wirtschaftlichen Wettbewerb mit Konzentrations- und Monopolisierungstendenzen besonders deutlich und praktisch wird (z. B. beim Verdrängungswettbewerb durch Großunternehmen). Insoweit besteht also stets die Gefahr, daß Freiheit der einen die Freiheit der anderen verdrängt und zur Ungleichheit zwischen Freien und Unfreien wird. Solange Menschen zusammenleben, bedeutet die totale Freiheit also leicht die Unfreiheit anderer. Die Verdrängung der Gleichheit wird dann zur Unfreiheit der anderen.

In dem Maße, wie Freiheit zur Ungleichheit tendiert, ist ein Gleichheitsgebot notwendig freiheitsbeschränkend. Wird Freiheit nach Maßgabe der Entfaltung anderer gewährt, dann wird Freiheit eingeschränkt. Schiebt sich die Gleichheit vor die Freiheit, entsteht nur zu leicht Unfreiheit. Freiheit kann also Gleichheit verdrängen und Gleichheit kann Freiheit ausschließen; dies allerdings nur, wenn beide Prinzipien isolierend verabsolutiert werden: Die totale Freiheit ist Ungleichheit und die totale Ungleichheit ist Unfreiheit.

c) Schon mit dieser argumentativen Tendenz zum Totalen wird deutlich, daß der Konflikt zwischen Freiheit und Gleichheit nur begrenzte Rechtsrelevanz haben kann, weil die Rechtsordnung notwendigerweise aus Begrenzungen und Konfliktausgleichen besteht. Vom geltenden Verfassungsrecht her muß daher eine prinzipielle Skepsis gegenüber einer übertreibenden Gegenüberstellung von Freiheit und Gleichheit angemeldet werden, und zwar aus drei Gründen:

Erstens ist die Gleichheit als Verfassungsprinzip von vornherein eine durch andere Verfassungsaussagen begrenzte Gleichheit. Dies ergibt sich zunächst in unserer Verfassungsordnung daraus, daß jedes materielle Verfassungsprinzip nur inmitten anderer Verfassungsprinzipien — also auch denen der Freiheit — gesehen und verstanden werden kann. Das ist keine Anerkennung der problematischen These der Einheit der Verfassung[85] i. S. einer harmonisch in sich gefügten Wertehierarchie, son-

---

[85] Vgl. zur Einheit der Verfassung, *Hesse*, passim, bes. S. 12, 28, 132.

1. Gleichheit und Freiheit

dern lebt aus der Einsicht, daß es in der Verfassung ganz unterschiedliche, gegensätzliche Wertepositionen gibt, die einer insbesondere gesetzgeberischen Konfliktlösung bedürfen. Wegen des Prinzips, daß die Verfassung insgesamt und nicht nur in bestimmten Teilen zu realisieren ist, und die Verfassung nicht gegen sich selbst interpretiert werden darf, ist es unzulässig, daß eine Verfassungsbestimmung so extensiv ausgelegt wird, daß andere verfassungsrechtliche Bestimmungen völlig leerlaufen. Im prinzipiellen Spannungsfeld von Freiheit und Gleichheit, von Freiheits- und Gleichheitsrechten, von Rechtsstaat und Sozialstaat sind also isolierende und verabsolutierende Deutungen stets auszuschalten: der wert- und interessenausgleichende Verfassungskompromiß als verfassungsgerichtetes Interpretationsgebot. Nach dem Prinzip des schonenden Ausgleichs (*Lerche*[86]) bzw. der praktischen Konkordanz (*Hesse*[87]) ist eine Verfassungsinterpretation so vorzunehmen, daß allen Verfassungsaussagen ein eigenes Gewicht erhalten bleibt.

Zweitens ist festzuhalten, daß Freiheit und Gleichheit keineswegs nur Gegensätze sind, sondern sich auch — wechselseitig verstärkend — ergänzen können. So ist die freiheitssichernde Rolle der Gleichbehandlung i. S. eines Verbots von Individualbelastungen im Verbot der Einzelfallgesetzgebung bei Grundrechtseinschränkungen (Art. 19 Abs. 1 Satz 2 GG[88]) deutlich. Allein dadurch, daß jemand individualisierend aus einer Gruppe abstrakt Betroffener gezogen wird, ist er schwächer, weil dann kollektiver Widerstand nicht zu erwarten ist. Umgekehrt kann die Erstellung sozialer Gleichheit Freiheitsrechte erst ausübbar machen. Und vor allem: Durch Freiheit (und Recht) wird Gleichheit materiell erst aufgefüllt. Freiheit ist der Boden, in dem die Gleichheit ihre Furchen zieht.

Und schließlich — drittens — kann nicht verkannt werden, daß im geltenden Verfassungsrecht der scheinbar so elementare und vieldiskutierte Gegensatz zwischen Freiheit und Gleichheit im wesentlichen ohne praktische Auswirkungen bleibt. Die auf inneren Kompromiß, auf Wertepluralismus und Interessenausgleich ausgelegte Verfassung stellt insbesondere mit den feingliedrigen Regelungen der Grundrechtsbeschränkung das Instrumentarium des notwendigen Werteausgleichs bereit. So

---
[86] Ders., Übermaß und Verfassungsrecht, 1961, insbesondere S. 125 ff. „Gedanke(n) des nach beiden Seiten schonendsten Ausgleichs".
[87] Vgl. dens., Grundzüge des Verfassungsrechts der Bundesrepublik Deutschland, 19. Aufl. 1978, S. 28.
[88] Zur Deutung von Art. 19 Abs. 1 GG als Pflicht zur Berücksichtigung der freiheitssichernden Rolle der Gleichbehandlung, vgl. *Rupp*, in: Bundesverfassungsgericht und Grundgesetz, Bd. II, 1976, S. 364 (368 ff.).

gehört der angebliche Grundsatzkonflikt zwischen Freiheit und Gleichheit — ähnlich wie der ihm verwandte Konflikt zwischen Rechtsstaat und Sozialstaat — zu den Prinzipienstreiten, die in ihrer breiten Grundsätzlichkeit kaum noch Einzelfallrelevanz haben[89].

d) Die praktische Verfassungsrelevanz der Spannung zwischen Freiheit und Gleichheit darf also insbesondere deshalb nicht übertrieben werden, weil die Verfassung selbst diese Spannung abgebaut hat. Vorrangig ist dabei an die der Verfassung zugrundeliegende Vorstellung der allgemeinen Freiheit zu denken, deren wichtigste Ausprägung die Gleichheit der Freiheitsgewährleistung, die Freiheit für alle („Menschen" bzw. „Deutschen") ist. Um der gleichen Freiheit für alle willen wird so von der Verfassung selbst Freiheit begrenzt.

Deshalb ist die freiheitsbeschränkende Immanenzbegrenzung von allen Grundrechten durch die „Rechte anderer" (analog Art. 2 Abs. 1 GG[90]) erst aus dem Gleichheitssatz heraus wirklich erklärbar. Das ist gerade keine Anerkennung der Drittwirkung von Grundrechten, sondern beschreibt den Konflikt, der sich daraus ergibt, daß die Verfassung die Freiheit aller sichern muß. Weil das Grundgesetz Grundrechte gleichermaßen allen Deutschen etc. gewährt, können Grundrechte eines Bürgers stets nur so geschützt werden, daß der Staat auch die Grundrechte der anderen sichern kann. Der Staat hat die Freiheit aller zu schützen und daher kollidierende Freiheitserwartungen verschiedener Bürger an ihn durch ein Gesetz zu lösen. Aus der Grundrechtsgewährleistung für alle folgt eine Beschränkung der Grundrechtspositionen untereinander[91]. Die Freiheit für alle ist also stets begrenzte Freiheit.

2. Gleichheit und Nicht-Gleichheits-Grundrechte

a) Die Absage an eine übertreibende Gegenüberstellung von Freiheit und Gleichheit am Maßstab praktischer Verfassungsrelevanz zeigt sich auch an vielfältigen Verbindungen zwischen dem Gleichheitsgrundrecht und den Nicht-Gleichheits-Grundrechten (also im wesentlichen den Freiheitsrechten), die erhebliche Gleichheitsgehalte entfalten.

---

[89] *Kloepfer,* in: Bundesverfassungsgericht und Grundgesetz, Bd. II, 1976, S. 405 (406).
[90] Siehe dazu *Niemöhlmann,* in: von Münch, Grundgesetz-Kommentar, Bd. 1, 1975, zu Art. 2 GG, Rdn. 20 ff.
[91] Zu dieser Sicht *Kloepfer,* Grundrechte als Entstehenssicherung und Bestandsschutz, 1970, S. 20 N. 82.

2. Gleichheit und Nicht-Gleichheits-Grundrechte

Schon die Bestimmungen der Grundrechtsberechtigten enthalten wichtige, Art. 3 GG berührende Aussagen, z. B. die jeweils eigenständige Gleichheitsaussagen begründenden Bestimmungen des Kreises von Grundrechtsberechtigten (Jeder, alle Menschen etc.), wobei auch nur partielle Gleichheitsaussagen bzw. Ungleichheitsaussagen möglich sind (z. B. Art. 6 Abs. 4 GG — Mutterschutz, nicht auch Vaterschutz —; z. B. Art. 12 GG — Deutschen-Grundrechte als Gleichbehandlungsgebote nur zwischen den Deutschen mit der Möglichkeit zur Ungleichbehandlung von Ausländern —), was freilich auch bei Menschenrechten eine sachliche Ungleichbehandlung zwischen In- und Ausländern nicht ausschließt.

Umgekehrt erschließt auch der Gleichheitssatz die Freiheitsrechte, weil er regelmäßig eine ungleiche Grundrechtsgewährung verbietet. Soweit aus dem Verfassungstext nichts anderes erkennbar ist, wird der Grundrechtstatbestand nach Maßgabe von Art. 3 Abs. 1 GG, d. h. prinzipiell gleich gewährt.

b) Von ihrem materiellen Inhalt her sind die Grundrechtstatbestände der Nicht-Gleichheits-Rechte in mannigfaltiger Weise geeignet, Gleichheitsgehalte zu entfalten. Ein wesentlicher grundrechtlicher Garantiegehalt der einzelnen Freiheitsrechte besteht darin, daß die Grundrechte als solche freiheitliche Diskriminierungsverbote enthalten: Niemand darf ohne gesetzliche Beschränkung wegen des Gebrauchs eines Freiheitsrechts benachteiligt — wohl aber bevorzugt — werden. Das schließt (soweit nicht die Begrenzung der allgemeinen Gesetze[92] vorliegt) eine in dem jeweiligen Grundrecht enthaltene spezifische Beschränkung nicht aus. Außerhalb einer derartigen Beschränkung ist aber eine Benachteiligung wegen bzw. im Rahmen eines Grundrechtsgebrauchs verfassungswidrig. Insbesondere ist es unzulässig, innerhalb der Beschränkungsbefugnis eines Grundrechts (z. B. der Berufsfreiheit) die zulässige Ausübung eines anderen Grundrechts (z. B. Meinungsfreiheit) zum Anlaß einer Belastung zu nehmen. Insoweit sind Grundrechte außerhalb des Gleichheitssatzes Diskriminierungsverbote (nicht aber Privilegierungsverbote, sondern teilweise sogar Privilegierungsgebote — z. B. Art. 6 Abs. 1 GG). Deshalb ist die Berufung auf den Gleichheitssatz häufig dann besonders erfolgreich, wenn neben Art. 3 GG noch die Verletzung eines anderen Grundrechts gerügt wird (z. B. Art. 5 Abs. 1, 3[93];

---

[92] Zu den allgemeinen Gesetzen in Art. 5 Abs. 2 GG als Verbot eines Pressesonderrechts siehe etwa *Bettermann*, JZ 1964, S. 601 ff.
[93] Vgl. BVerfGE 36, 321 (330 f.) — USt bei Schallplatten.

6 Abs. 1 GG[94]). Es entsteht dann ein äußerst wirksamer Grundrechtsverbund.

c) Hinzu kommt, daß die Grundrechte tatbestandsmäßig partielle, „interne" Differenzierungsverbote oder doch Differenzierungserschwerungen sind. So ist es grundsätzlicher Bestandteil grundrechtlicher Tatbestandsmäßigkeit und Freiheitsgarantie, daß — für die Gewährung von Grundrechtsschutz überhaupt — prinzipiell nicht zwischen guter und schlechter, schutzwürdiger und (nicht so bzw.) nicht schutzwürdiger Freiheit (z. B. zwischen traditionellen und neuen Glaubensinhalten, zwischen kritischen und unkritischen Meinungen, zwischen seriöser und nicht seriöser, guter und schlechter, großer und kleiner Presse[95], zwischen gearteter und „entarteter" Kunst, zwischen wertvollen und wertlosen Berufen, zwischen Bedarfs- und Luxuseigentum etc.) differenziert werden darf. Differenzierungen bezüglich der Gewährung von Grundrechtsschutz überhaupt sind weitgehend nur möglich, wenn sie sich aus anderen Verfassungsentscheidungen ergeben (z. B. freiheitliche demokratische Grundordnung); so etwa bei der Verwirkung von Grundrechten (Art. 18 GG), wo der verfassungsfeindliche Grundrechtsgebrauch zu nachteiligen Rechtsfolgen führen kann.

Es wäre jedoch viel zu weitgehend, wollte man aus dem freiheitlichen Gehalt des grundsätzlichen internen Differenzierungsverbots für die Gewährleistung von Grundrechtsschutz überhaupt ein Definitionsverbot der Freiheit selbst sehen[96]. Das interne Differenzierungsverbot der jeweiligen Freiheit für deren prinzipiellen Grundrechtsschutz — etwa bei der des Berufs oder der Kunst — hindert nicht die verfassungsrechtliche Definition, sondern gibt sie den Verfassungsinterpreten als schwere, aber unentziehbare Last auf. Der Verzicht auf eine Definition des grundrechtlichen Schutzobjekts führt letztlich zur Grenzlosigkeit des jeweiligen Grundrechts und damit im Ergebnis zur Aufhebung seiner Wirksamkeit. Gerade die Abgrenzung einzelner Grundrechtsfelder mit ihrer Differenzierung untereinander, d. h. die Ungleichheit der Grundrechte (vor allem in ihrer Beschränkbarkeit) sind ein prägendes Merkmal des Grundrechtsbaus unserer Verfassung.

---

[94] Siehe dazu etwa BVerfGE 6, 55 (71); 13, 290 (296 ff.); 17, 210 (217); 28, 324 (346 f.).

[95] Vgl. zur Problematik der Differenzierung zwischen Presseorganen grundlegend *Leisner*, Die Pressegleichheit, 1976, sowie etwa BVerwG, NJW 1975, S. 891 f., zur Auswahl von Pressevertretern für Behördeninformationen.

[96] In diese Richtung im Prinzip aber *Knies*, Schranken der Kunstfreiheit als verfassungsrechtliches Problem, 1967, S. 190 ff.

d) Verbieten die Grundrechte Differenzierungen bei der Gewährung von verfassungsrechtlichem Schutz überhaupt, so bleiben dennoch Folge-Differenzierungen über die Art und Intensität des Grundrechtsschutzes insbesondere nach Maßgabe der spezifischen gesetzlichen Beschränkungs- und Ausgestaltungsbefugnisse in der Form grundrechtlicher Gesetzesvorbehalte möglich[97]. Regelmäßig bedarf es deshalb für derartige Folgedifferenzierungen (innerhalb einer Grundrechtsgewährleistung) eines Gesetzes. Das interne Differenzierungsverbot bezieht sich im Prinzip also nur auf den grundrechtlichen Schutz bzw. seine Versagung als solche, nicht aber auf differenzierende gesetzgeberische Ausgestaltung und schon gar nicht auf ein undifferenziertes Gebrauchmachen. Gerade hier gilt, daß Freiheit auch die Chance zur Ungleichheit ist.

e) Auch die verfassungsrechtlich vorgesehenen Beschränkungsbefugnisse des (regelmäßig abstrakt und generell entscheidenden) Gesetzgebers bei Grundrechten sind zunächst über Art. 3 Abs. 1, 19 Abs. 1 Satz 1 GG gleichheitsschützend. Beschränkungen der Nicht-Gleichheits-Grundrechte sind nur unter Beachtung des Gleichheitssatzes zulässig. Insbesondere aber bei der Ermächtigung zu exekutiven Grundrechtseingriffen kann nicht verkannt werden, daß diese Eingriffe potentielle Gefahren ungleicher (aber nicht gleichheitssatzverletzender) Grundrechtsbelastungen darstellen können. Dies wird für die Eigentumsgarantie hinsichtlich der Sonderopfertheorie[98] eindrücklich bestätigt, wonach die in einer Enteignung liegende ungleiche Belastung — das Sonderopfer — durch eine ungleiche Bevorzugung — die Sonderopferentschädigung — ausgeglichen wird. Die durch die Enteignung „verletzte" Gleichheit soll durch die Entschädigung wiederhergestellt werden.

f) Auch und gerade hinsichtlich der Schranken-Schranken (verfassungsimmanente, grundrechtsschützende Limitierungen der grundrechtlichen Beschränkungs- und Gestaltungsbefugnisse) der Freiheitsgewährleistungen gibt es unübersehbare Gleichheitsgehalte. Dies ergibt sich einmal aus der Gleichheit der allgemeinen, für alle Grundrechtseingriffe geltenden Schranken-Schranken in Art. 19 Abs. 1, 2 GG — mit der zusätzlichen speziellen Gleichheitsausprägung der „allgemeinen" Grundrechtseinschränkung in Art. 19 Abs. 1 Satz 1 GG — sowie z. B. aus dem

---

[97] Vgl. insbesondere BVerfGE 36, 321 (330 ff.) betr. unterschiedliche Besteuerung von Schallplatten.
[98] Zu dieser maßgeblich vom BGH (BGHZ 6, 270 ff.) begründeten Theorie vgl. *Kimminich*, Bonner Kommentar, Art. 14 (Drittbearb.), Rdn. 128 ff.

umfassend (aber weder undifferenziert noch nivellierend[99]) anzuwendenden Übermaßverbot. Allerdings führt die — den Eigenarten der Grundrechte bzw. der betroffenen Fälle gerecht werdende — Anwendung dieser gleichen Schranken-Schranken bei den einzelnen Grundrechten wie bei den hierbei auftretenden Grundrechtseinschränkungen notwendig zu unterschiedlichen Ergebnissen.

Entscheidender ist, daß auch der Gleichheitssatz selbst als Schranken-Schranke der Beschränkungen von Freiheitsrechten gelten kann (und umgekehrt die Freiheitsrechte als Grenze des Gleichheitssatzes fungieren), was für die gesetzgeberische Grundrechtseinschränkung bereits durch das Verbot der Einzelfallgesetzgebung (Art. 19 Abs. 1 Satz 1 GG) deutlich wird. Jede normierende (Grundrechtsausgestaltung und) Grundrechtseinschränkung ist nur nach Maßgabe der Rechtsetzungsgleichheit möglich.

g) Hieran zeigt sich nach allgemeiner Meinung eine weitgehend andere Konstruktion des Gleichheitssatzes gegenüber den anderen Grundrechten, den Freiheitsrechten: Der Gleichheitssatz ist eben insoweit — partiell — ungleich. Er tritt gewissermaßen von außen querschnittsartig an die durch die Gesamtheit der Freiheitsrechte geschützte grundrechtliche Freiheit heran[100]. Einschränkungen dieser Freiheit sind nur nach Maßgabe des Gleichheitssatzes möglich. Zwar ist es wegen der inhaltlichen Verbundenheit aller Grundrechte miteinander geboten, bei der Beschränkung eines Grundrechts auch die durch die anderen Grundrechte geschützten Freiheitssphären zu beachten, falls auch diese durch einen Grundrechtseingriff berührt werden. Es handelt sich dann um eine Grundrechtskonkurrenz, falls ein Eingriff mehrere Freiheitsbezirke gleichzeitig berührt[101]. Dies bezieht sich jedoch immer nur auf einige, praktisch nie auf alle Grundrechte zugleich, während es keinen Eingriff in Freiheitsrechte gibt, ohne daß nicht stets auch der Gleichheitssatz beachtet werden muß. Insoweit gehört der Gleichheitssatz in den allgemeinen Teil der Grundrechtsordnung der Freiheitsrechte. Der Gleichheitssatz entfaltet aber auch über diesen grundrechtsbezogenen Bereich hinaus seine Wirkkraft: bei Eingriffen in nicht grundrechtsgeschützte

---

[99] Gegen die grundrechtsnivellierende Anwendung des Übermaßverbots zutreffend *Wendt*, AöR (1979), S. 414 ff., bes. S. 422 ff.

[100] *Kloepfer*, Grundrechte als Entstehenssicherung und Bestandsschutz, 1970, S. 86 ff. und insbesondere S. 94 ff.

[101] Dies ist zu unterscheiden von den Grundrechtskollisionen (siehe etwa *Kloepfer*, S. 20, N. 82) sowie von der Grundrechtskooperation (siehe etwa *Kloepfer*, S. 17, 100); speziell zu Konkurrenzen zwischen Art. 12 und 14 GG ders., S. 37, N. 125; vgl. auch BVerfGE 17, 232 (248 f.).

2. Gleichheit und Nicht-Gleichheits-Grundrechte

Bereiche (soweit man einen Freiheitsschutz nicht ohnehin durch Art. 2 Abs. 1 GG annimmt) und vor allem auch bei nicht grundrechtsabgeleiteten Leistungen. Insgesamt spiegeln die erwähnten konstruktiven Unterschiede nur die erörterten grundsätzlichen Unterschiede zwischen Freiheit und Gleichheit wider.

Festzuhalten bleibt aber insgesamt, daß unter dem Grundgesetz Freiheit *und* Gleichheit zu verwirklichen sind. Das bedeutet, daß weder die Gleichheit die Freiheit noch daß die Gleichheit die Freiheit völlig verdrängen darf. Für die Gleichheit bedeutet dies: Verfassungsrechtliche Gleichheit ist stets begrenzte Gleichheit.

G. Gleichheit und Gleichheitsschranken

1. Zur Notwendigkeit von Gleichheitsschranken

a) Die Limitierung der Gleichheit, insbesondere durch andere Verfassungspositionen führt in der praktischen Grundrechtsanwendung folgerichtig zu der Frage, ob der Gleichheitssatz des Art. 3 Abs. 1 GG nicht — trotz seines Wortlauts — auch technische Grundrechtsschranken kennt, ob er also wie die Freiheitsgrundrechte ebenfalls unter einem gesetzlichen Schrankenvorbehalt steht. Ist — wie erwähnt — der Gleichheitssatz auch als Schranken-Schranke der Freiheitsschranke zu verstehen, so stellt sich auch umgekehrt die Frage, ob nicht die Freiheit eine Schranke der Gleichheit ist, ob nicht von der Grundrechtskonstruktion her die Freiheitsrechte zugleich Einschränkungen von Art. 3 Abs. 1 GG sind. Freilich ist die konstruktive bzw. juristisch-technische Erfassung der Gleichheitsbegrenzung durch Freiheit nicht einfach, weil der Gleichheitssatz herkömmlicherweise nicht als beschränkbar i. S. üblicher Grundrechtsbeschränkungen gilt, d. h. nach allgemeiner Ansicht nicht unter Gesetzesvorbehalt steht[102].

Der Grundrechtsaufbau ist somit nach herkömmlicher Auffassung bei Freiheitsrechten erheblich anders als beim Gleichheitssatz. Die Freiheitsrechte sind üblicherweise wie folgt aufgebaut: Grundrechtstatbestand, Grundrechtsschranke, Schranken-Schranke[103] (wobei — wie erörtert — bei der primären Einschlägigkeit von Freiheitsrechten bei grundrechtlicher Beurteilung eines Sachverhalts für eine grundrechtliche Prüfung der Platz für den Gleichheitssatz in der Phase der Schranken-Schranke einzubauen ist). Anders, wenn ein Fall primär unter dem Aspekt von Art. 3 Abs. 1 GG geprüft wird, da der Gleichheitssatz nicht unter Gesetzesvorbehalt stehen und für ihn folgerichtig

---

[102] Siehe dazu *Ipsen*, in: Neumann / Nipperdey / Scheuner, Die Grundrechte, Bd. II, 1954, S. 111 ff., der trotzdem die Wesensgehaltsgarantie für anwendbar hält. Von „materiellen Schranken" des Gleichheitssatzes spricht hingegen *Gubelt*, in: von Münch, Grundgesetz-Kommentar, Bd. 1, 1975, zu Art. 3 GG, Rdn. 22.

[103] Vgl. dazu *Kloepfer*, in: Bundesverfassungsgericht und Grundgesetz, Bd. II, 1976, S. 405 ff., bes. S. 418 ff.

1. Zur Notwendigkeit von Gleichheitsschranken

auch nicht die Grundrechtssicherung durch Schranken-Schranken gelten soll.

b) Gleichwohl stellen sich doch für den Gleichheitssatz ähnliche einschlägige Probleme wie bei den Freiheitsrechten — und zwar trotz Respektierung aller prinzipiellen Unterschiede zwischen Freiheit und Gleichheit. Die Schrankenvorbehalte bzw. Einschränkungen dienen vorrangig dazu, die möglichen Kollisionen (und Konkurrenzen) eines Grundrechts mit anderen Grundrechten oder anderen, insbesondere verfassungsrechtlichen Rechtsgütern zu regeln oder auszugleichen[104]. Dieses Problem stellt sich gerade auch bei dem Gleichheitssatz, der sich ja vielfältig an den Ansprüchen der Freiheitsrechte stößt, wie die geschilderte prinzipielle Gegenüberstellung von Freiheit und Gleichheit zeigt. Dieses Problem kann nicht dadurch gelöst werden, daß immer auf die Schranken der Freiheitsrechte verwiesen wird, in deren Rahmen die Kollisionslösungen zwischen Freiheit und Gleichheit dann vorgenommen werden könnten. Dies würde einen pauschalen Vorrang des Gleichheitssatzes bedeuten, denn Kollisionslösungen könnten dann nur zu Lasten der Freiheitsrechte gefunden werden.

c) In Wahrheit erfolgen der Sache nach auch beim Gleichheitsgrundrecht sehr wohl Einschränkungen verschiedenster Art. Wie immer, wenn die Problematik des Grundrechtstatbestandes und die grundrechtliche Schrankenfrage nicht hinreichend deutlich voneinander getrennt werden, verlagert sich die Frage nach der Grundrechtsbeschränkung nur zu leicht in die des Grundrechtstatbestandes und führt dann zu kaum durchschaubaren Subsumtionen[105]. Bezüglich der Rechtsetzungsgleichheit sind die Einfallstore für Schrankenvorstellungen besonders deutlich. Die Rechtsanwendungsgleichheit tendiert dagegen insoweit zur Unbeschränktheit, als die Gesetzesbindung unbegrenzt ist, weil entsprechende Vorstellungen der Beschränkbarkeit der Rechtsanwendungsgleichheit nur bei gelockerter Gesetzesbindung — unbestimmte Rechtsbegriffe und Ermessen — vorstellbar ist. Verbietet die Rechtsetzungsgleichheit, wesentlich Gleiches ohne sachlichen Grund ungleich (bzw. wesentlich Ungleiches willkürlich gleich) zu behandeln, dann wird — wie erwähnt — deutlich, daß sich dem Gesetzgeber hier große Einschätzungs- und Handlungsspielräume erschließen, wenn es um die Entscheidung geht, was verglichen werden soll, was „wesentlich" gleich ist und vor allem was ein sachlicher Grund für die Ungleichbehandlung ist. Dies um so

---
[104] *Kloepfer*, S. 407.
[105] *Kloepfer*, S. 406 f.

mehr, als es ausreichen soll, daß der Gesetzgeber diese Ziele selbst bestimmt und folgerichtig und systemgerecht einhält. Die Lösung von Kollisionen zwischen Verfassungsgütern muß dabei allemal als sachlicher Grund ausreichen. Die sich hierbei ergebenden gesetzgeberischen Handlungs- und Ermessensspielräume werden in der Judikatur des Bundesverfassungsgerichts durchgängig als Probleme des Grundrechtstatbestandes aufgefaßt.

Alles dies geht jedoch stark auf Kosten der Durchschaubarkeit und Nachvollziehbarkeit grundrechtlicher Argumentationen. Gerade bei Art. 3 Abs. 1 GG zeigt sich, daß eine fehlende Differenzierung bei der Grundrechtsprüfung letztlich zu einem undurchsichtigen Subsumtionsbrei führt. Durch eine stufende Betrachtung dagegen wird eine transparente Abschichtung verschiedener Interessen, insbesondere individueller und kollektiver Interessen, ermöglicht[106]. Bei der derzeitig herrschenden Zusammensicht von Tatbestand und Schranken beim Gleichheitssatz wird beides nicht voll geschieden, so daß die jeweilige Subsumtion schwer vorhersehbar wird und sich der Gleichheitssatz inhaltlich zum Willkürverbot reduziert. Deshalb scheint es durchaus sinnvoll, wenn die prinzipielle Spannung der Rechtsetzungsgleichheit zwischen Gleichbehandlungsgebot und gesetzgeberischer Gestaltungsfreiheit strukturell als Frage von Grundrechtstatbestand und Grundrechtsschranke aufgefaßt würde.

2. Konstruktion von Gleichheitsschranken

a) Gedacht werden könnte für Art. 3 Abs. 1 GG daran, als Grundrechtstatbestand (einschlägiges Grundrechtsfeld) des Gleichheitssatzes — neben der Frage der einschlägigen Grundrechtsberechtigung[107] und -verpflichtung — die Gleichheitsbehandlung gleicher Tatbestände (bzw. die Ungleichbehandlung ungleicher Tatbestände) zu verstehen; vergleichbar ist im Bereich der Freiheitsrechte die Unangetastetheit eines Freiheitsbereichs. Voraussetzung des Grundrechtstatbestandes ist also eine — vom Gesetzeszweck her — rechtlich relevante, wesentliche Gleichheit (bzw. Ungleichheit) zwischen zwei geregelten Tatbeständen.

Als Eingriff in dieses Grundrechtsfeld wäre dann die Ungleichbehandlung rechtlich gleicher Tatbestände einschließlich der Abweichungen

---

[106] *Kloepfer*, S. 406 ff.
[107] Zur Grundrechtsberechtigung bei Art. 3 Abs. 1 GG *Gubelt*, Rdn. 5 f. zu Art. 3; allgemein zur Grundrechtsberechtigung *Kloepfer / Malorny*, Öffentliches Recht, 2. Aufl. 1979, S. 88 ff.

2. Konstruktion von Gleichheitsschranken

von einem gesetzlichen System (Systemwidrigkeit[108]) zu verstehen (bzw. die Gleichbehandlung ungleicher Tatbestände[109]), wobei es weder auf die Absicht des Gesetzgebers noch auf den Gesetzeswortlaut, sondern auf die faktischen Auswirkungen[110] ankommt. Diese Ungleichbehandlung (bzw. die Gleichbehandlung müßte erheblich, d. h. nicht unbeträchtlich[111] sein, um die Relevanzgrenze jedes Grundrechtseingriffs[112] zu überwinden, d. h. um hier überhaupt zu einer grundrechtlichen Eingriffsqualifikation einer staatlichen Maßnahme zu kommen.

b) Dieser Eingriff müßte als Grundrechtseinschränkung im Prinzip auf gesetzlicher Grundlage im Rahmen einer grundrechtlichen Beschränkungsbefugnis erfolgen. Dieser Gesetzesvorbehalt für Gleichheitseingriffe gilt unabhängig davon, ob im übrigen gegenüber dem Bürger eingegriffen oder geleistet wird. Gleiche Eingriffe oder Leistungen (bei ungleichen Sachverhalten) sind beidermaßen Gleichheitseingriffe, die einer gesetzlichen Grundlage bedürfen. Werden also bei einer staatlichen Leistungsgewährung gleiche Sachverhalte wesentlich ungleich (bzw. ungleiche Sachverhalte wesentlich gleich) behandelt, so ist dies nur mit gesetzlicher Ermächtigung möglich. Insoweit gilt — wegen des Gleichheitsbegriffs — der Vorbehalt des Gesetzes auch bei Leistungen. Lediglich bei derjenigen Leistungsgewährung, die gleiche Sachverhalte

---

[108] Systemwidrigkeit ist stets eine Ungleichbehandlung, die aber nicht verfassungswidrig sein muß; so ist die h. M. zu verstehen, die in der Systemwidrigkeit nur ein Indiz für Willkür sieht —, vgl. BVerfGE 9, 20 (28) — und eine Durchbrechung selbstgewählter Sachgesetzlichkeit bei ausreichendem sachlichen Grund für gerechtfertigt hält. Allgemein zur Systemwidrigkeit des Gesetzgebers siehe *Degenhart*, Systemgerechtigkeit und Selbstbindung des Gesetzgebers als Verfassungspostulat, 1976.

[109] Eine Benachteiligung oder Schlechterstellung ist nicht erforderlich — BVerfGE 18, 38 (46).

[110] So richtig BVerfGE 8, 51 (64). Hier hat das BVerfG hinsichtlich der Parteispenden ausdrücklich ausgesprochen, daß auch ein Gesetz, daß in seinem Wortlaut eine ungleiche Behandlung vermeidet und seinen Geltungsbereich abstrakt-allgemein umschreibt, dem Gleichheitssatz dann widerspricht, wenn sich aus seiner praktischen Auswirkung eine offenbare Ungleichheit ergibt und diese ungleiche Auswirkung gerade auf die rechtliche Gestaltung zurückzuführen ist, wobei eben nicht die äußere Form, sondern allein der materiell-rechtliche Gehalt entscheidend ist. Vgl. i. d. S. auch bereits *Leibholz*, DVBl. 1951, S. 193 (195); i. d. S. auch *Klein*, in: Schmidt-Bleibtreu / Klein, Kom. z. GG, 4. Aufl. 1977 zu Art. 3, Rdn. 15.

[111] *Lepa*, Der Inhalt der Grundrechte nach der Rechtsprechung, 3. Aufl. 1976, S. 56, unter Hinweis auf BVerfGE 13, 331 (341), wo das Gericht — für Steuergesetze — ausführt, daß nicht jede „geringfügigere" Ungleichbehandlung unter Art. 3 Abs. 1 GG erheblich ist. „Nebenfolgen" oder „unbeträchtliche Benachteiligungen" müssen demnach hingenommen werden.

[112] Allgemein zur Relevanzgrenze bei Grundrechtseingriffen *Kloepfer*, in: Bundesverfassungsgericht und Grundgesetz, Bd. II, 1976, S. 405 (409); ders., Zum Grundrecht auf Umweltschutz, 1978, S. 20 f.

gleich und ungleiche ungleich behandelt, besteht der Vorbehalt des Gesetzes — von Art. 3 Abs. 1 GG her gesehen — grundsätzlich nicht.

Die Geltung des Vorbehalts des Gesetzes auch für Gleichheitseingriffe trifft freilich angesichts des Wortlauts von Art. 3 Abs. 1 GG auf erhebliche Schwierigkeiten. Gerade weil Art. 3 Abs. 1 GG vorbehaltlos gewährt ist, und eine Eingriffsbefugnis im Verfassungstext fehlt, ist eine Schrankenkonstruktion und -prüfung beim Gleichheitssatz nicht ohne weiteres einsichtig. Der Wortlaut eines schrankenlos gewährten Grundrechts kann allerdings kein zwingendes Hemmnis für die Annahme von Grundrechtsschranken sein, soweit das Grundrecht unter immanenten Beschränkungen steht. Dazu gehören beim Gleichheitssatz (neben den Freiheitsrechten) die von der Verfassung ausdrücklich vorausgesetzte Rechtsetzung (und Rechtsanwendung[113]) selbst. Da primär die Gesetzgebung — wie gezeigt — wesensmäßig immer auch Ungleichbehandlung durch abgegrenzte Rechtsfolgenbestimmung ist, erweist sie sich als immanente Beschränkung des Gleichheitssatzes. Die vom Bundesverfassungsgericht viel beschworene gesetzgeberische Handlungsfreiheit — insbesondere auch die gesetzgeberische Typisierungs- und Generalisierungsbefugnis — wäre also im wesentlichen der Schrankenvorbehalt von Art. 3 Abs. 1 GG oder jedenfalls die Beschreibung seiner Folgen.

Der Gleichheitssatz (in seiner Ausprägung als Rechtsetzungsgleichheit) wird so weitgehend unter einen Gesetzesvorbehalt gestellt. Das scheint ein widerspruchsvolles Ergebnis zu sein, weil die Rechtsetzungsgleichheit, die doch gerade den Gesetzgeber binden soll, so unter den Zugriff des Gesetzgebers gerät. Allerdings sind derartige Wechselwirkungen dem geltenden Grundrechtsverständnis nicht fremd[114], weil sie die Wechselbezüglichkeiten zwischen Grundrechten und Schrankenvorbehalten deutlich machen. Der Gesetzgeber hat Gleichheit zu wahren, braucht sich aber nicht selbst aufzugeben.

3. Schranken der Gleichheitsschranken

a) Die Unterscheidung eines Grundrechtstatbestandes und einer Grundrechtsschranke bei der Rechtsetzungsgleichheit ist auch keines-

---

[113] Zu der Grundsatzfrage, ob der Vorbehalt des Gesetzes auch für die Leistungsverwaltung gilt, vgl. als erste Einführung *Klopfer / Malorny*, Öffentliches Recht, 2. Aufl. 1979, S. 33 f.

[114] Vgl. zur Wechselwirkung BVerfGE 7, 198 (208/209) und seitdem ständige Rspr. BVerfGE 24, 278 (282); 27, 71 (80); 28, 191 (202).

wegs eine theoretische Zirkelargumentation, sondern hat unmittelbar praktische Auswirkungen durch die Anwendbarkeit der allgemeinen Schranken-Schranken auf Gleichheitseingriffe. Ein gesetzlicher Grundrechtseingriff in die Gleichheitsgarantie müßte sich nämlich im Rahmen der allgemeinen verfassungsrechtlichen Begrenzungsbefugnisse des Staates bei Grundrechtseingriffen halten, d. h. er muß die grundrechtlichen Schranken-Schranken wahren, was mit dem Willkürverbot i. S. d. Bundesverfassungsgerichts nur sehr unvollkommen umschrieben ist und näherer Spezifizierung durch gleichheitsrechtliche Einzelgruppen, d. h. durch Ungleichheit in der Gleichheit, bedarf. Die jeweilige Einschränkung des Gleichheitssatzes — Ungleichbehandlung bzw. Gleichbehandlung — darf nicht die allgemeinen Schranken-Schranken staatlicher Grundrechtseingriffe verletzen.

b) Das bedeutet eine Bindung an die Wesensgehaltsgarantie (Art. 19 Abs. 2 GG[115]) — als Limitierung der Ungleichbehandlung durch den Gesetzgeber —. Auch das Verbot der Einzelfallgesetzgebung ist bei gesetzlichen Ungleichbehandlungen, d. h. bei normativen Kategorisierungen zu beachten. Die Gleichheit soll grundsätzlich generell, aber nicht individuell durchbrochen werden dürfen.

c) Insbesondere sind die Schranken-Schranken des Gleichheitssatzes verletzt, wenn der Eingriff (Ungleichbehandlung gleicher Sachverhalte bzw. die Gleichbehandlung ungleicher Sachverhalte) willkürlich ist. Die Willkürfreiheit als angebliches Zentralgebot der Rechtsetzungsgleichheit wandert also beim Gleichheitssatz vom Grundrechtstatbestand in die Schranken-Schranke. Das schärft den Blick dafür, daß das Willkürverbot (Verbot unsachlicher Beschränkungen) eine bisher als solche wenig beachtete allgemeine grundrechtliche Schranken-Schranke ist. Dies ist bislang nur deshalb unklar geblieben, weil Art. 3 Abs. 1 GG — und damit mittelbar auch das Willkürverbot — als Schranken-Schranke der Nicht-Gleichheits-Grundrechte gesehen wird[116].

Indessen dürfte bereits jedem einzelnen Grundrecht als solchem ein Abwehrgehalt gegenüber willkürlichen Einschränkungen zu entnehmen sein. Derartige Abwehrgehalte schlagen sich vor allem als spezifische Aussagen zu bereichsbezogenen Sachgerechtigkeiten nieder[117]. Dennoch

---

[115] So auch *Ipsen*, S. 113, 164, der aber trotzdem einen Gesetzesvorbehalt bei der Gleichheit ablehnt.
[116] Vgl. dazu auch BVerfGE 12, 281 (296), wo der Gleichheitssatz als höchstmöglicher Schutz vor willkürlicher Beschränkung der Freiheit beschrieben wird.
[117] Für die Unterstellung spezifischer Sachgerechtigkeitsforderungen unter die einzelnen Grundrechte: *Badura / Rittner / Rüthers*, S. 283, unter Berufung

wäre eine völlige Ablösung des Willkürverbots vom Gleichheitssatz falsch, weil — wie noch zu zeigen sein wird — der Gleichheitssatz selbst nicht willkürlich eingeschränkt werden darf, und vor allem weil jede gesetzliche Regelung notwendigerweise Ungleichbehandlungen (insbesondere zwischen gesetzlich erfaßten und nicht erfaßten Fällen) durch Bestimmung der jeweiligen Voraussetzungen der gesetzlichen Rechtsfolgen vorsehen muß[118]. Das Willkürverbot bei Freiheitseinschränkungen kann sich nur gegen unsachliche Freiheitsbeeinträchtigungen wehren, nicht aber gegen unsachliche Ungleichbehandlungen als solche. Gesetze können unsachlich sein, weil sie einen unsachlichen Bezug zur Freiheitseinschränkung haben und/oder weil sie eine Ungleichbehandlung gleicher Sachverhalte (bzw. eine Gleichbehandlung ungleicher Sachverhalte) ohne sachlichen Grund vornehmen. Faustregel ist dabei, daß eine unsachliche Gleichheitseinschränkung nicht gleichzeitig eine unsachliche Freiheitseinschränkung sein muß (z. B. bei Leistungen oder bei nur bestimmte Bevölkerungsgruppen erfassenden an sich zulässigen Grundrechtseinschränkungen), daß aber unsachliche Freiheitseinschränkungen (z. B. die Einführung einer Einkommensgrenze für die Wahrnehmung der Glaubensfreiheit) im Ergebnis auch stets unsachliche Gleichheitseinschränkungen enthalten. Insgesamt kann damit eine absolute und eine relative Willkür unterschieden werden. Während bei der absoluten Willkür eine Behandlung für sich genommen unsachlich, ungerecht und willkürlich ist, befaßt sich die relative Willkür mit dem Vergleich zweier Tatbestände und fragt, ob die bei ihnen erfolgte Gleich- oder Ungleichbehandlung sachlich ist[119]. Das Verbot absoluter Willkür ergibt sich bereits aus dem Rechtsstaatsprinzip und bei Grundrechtseinschränkungen aus den jeweils eingeschränkten Grundrechten. Art. 3 Abs. 1 GG verbietet primär die relative Willkür, umfaßt aber auch die absolute Willkür, weil jede gesetzgeberische Tätigkeit eine Ungleichbehandlung zwischen geregelten und ungeregelten Fällen enthält. Bei absolut willkürlichen Regelungen entsteht damit eine Konkurrenz zwischen dem Gleichheitssatz und anderen — in ihren Schutzbereichen die absolute Willkür hindernden — Verfassungsaussagen.

---

auf abw. Meinung *Geiger*, BVerfGE 42, 64 (79 f.); folgend *Wendt*, AöR 104 (1979), S. 423.

[118] Dies übersieht *Geiger*, aaO., trotz der an sich zutreffenden Feststellung, daß bei Art. 3 Abs. 1 GG die rechtliche Operation darin besteht, zwei Tatbestände untereinander zu vergleichen, um eine „willkürliche" Gleich- oder Ungleichbehandlung annehmen zu können, während es etwas anderes sei, von einem Tatbestand zu sagen, so dürfe niemals gehandelt werden.

[119] Insoweit wird der Differenzierung von *Geiger*, aaO., als in der Sache gefolgt, nicht aber bezüglich der Rechtsfolge.

3. Schranken der Gleichheitsschranken

d) Voraussetzung für eine zulässige Gleichheitseinschränkung ist zunächst, daß kein verfassungswidriges Differenzierungskriterium gewählt wurde[120] (insbesondere also kein Verstoß gegen die ausdrücklichen Differenzierungsverbote der Art. 3 Abs. 2 und 3[121], 33 Abs. 1 bis 3, 38 Abs. 1 Satz 1 GG, aber auch gegen die Freiheitsrechte als Diskriminierungsverbote[122]) vorliegt. Differenzierungskriterium ist dabei das gesetzliche Tatbestandsmerkmal, an dem eine Ungleichbehandlung ansetzt (z. B. Einkommensgrenzen, Stichtage, berufliche Qualifikationen, begangene Straftaten). Dieses kann aus der Verfassung selbst folgen[123], ist aber auch dann zulässig, wenn es von der Verfassung nicht erwähnt und im übrigen nicht verboten ist.

Außerdem muß ein verfassungslegitimes (nicht notwendig verfassungsgebotenes) Differenzierungsziel angestrebt werden[124], was für Art. 3 Abs. 1 GG mit der noch zu behandelnden Verfassungslegitimität eines Ziels bei Grundrechtseingriffen identisch ist. Wird z. B. ein Stipendium nur bis zu bestimmten Höchsteinkommen der Antragsteller gewährt, so ist das verfassungsmäßige Differenzierungsziel, nur Bedürftigen zu helfen, damit auch sie studieren können, die Verfolgung eines verfassungsgebotenen Ziels.

Vor allem aber fordert das Willkürverbot eine sachliche Angemessenheit zwischen Differenzierungskriterium und Differenzierungsziel[125]. So wäre etwa die Anknüpfung eines Stipendiums an Einkommensgrenzen z. B. angemessen, die Anknüpfung der Studienberechtigung selbst an eine Einkommensgrenze wäre es dagegen nicht. Oder — um ein Beispiel aus der Rechtsprechung zu erwähnen — nach Auffassung des BVerfG[126] ist die Anknüpfung einer Feuerwehrbeitragspflicht an ein Mindest- und Höchstalter unter Einschluß von Körperbehinderten verfassungswidrig.

---

[120] *Gubelt*, Rdn. 17.

[121] Die allgemeine Ansicht sieht zwischen Art. 3 Abs. 1 und Art. 3 Abs. 2, 3 GG ein Verhältnis der Spezialität; z. B. BVerfGE 3, 225 (240) — auch im Hinblick auf Art. 6 Abs. 5, 9 Abs. 3, 28 Abs. 1 GG —; 9, 124 (128).

[122] Vgl. auch dazu oben S. 49 und BVerfGE 17, 210 (217); **36, 321** (330 f.), mit der Formel, daß dem Gesetzgeber Unterscheidungen verboten sind, die dem Willen der Verfassung zuwiderlaufen würden, einem bestimmten Lebensbereich einen besonderen Schutz angedeihen zu lassen.

[123] Vgl. hierzu BVerfGE 14, 221 (239), wonach eine Differenzierung wegen eines Verfassungsgebots nicht willkürlich ist; trotzdem kann aber eine derartige Gleichheitseinschränkung verfassungswidrig, weil z. B. übermäßig sein.

[124] Vgl. hierzu *Podlech*, Gehalt und Funktionen des allgemeinen verfassungsrechtlichen Gleichheitssatzes, 1971, S. 113 und ferner *Gubelt*, Rdn. 18.

[125] *Stein*, Staatsrecht, 6. Aufl. 1978, S. 240 f.; *Gubelt*, Rdn. 19 und *Lepa*, S. 58.

[126] BVerfGE 9, 291 ff.; dazu *Stein*, S. 240.

e) Das Willkürverbot führt hinüber zum Übermaßverbot, das mit dem Willkürverbot innere Beziehungen hat, aber doch hiervon abzugrenzen ist[127]. Das Willkürverbot regelt das Verhältnis zwischen Differenzierungskriterium und Differenzierungsziel, das Übermaßverbot beschäftigt sich mit dem Verhältnis von Eingriff und Ziel (bei seiner Anwendung auf den Gleichheitssatz also mit dem Verhältnis von Ungleichbehandlung und Differenzierungs-, d. h. Gesetzesziel). Die Anwendbarkeit nicht nur des Willkür-, sondern auch des Übermaßverbots auf Art. 3 Abs. 1 GG wird möglicherweise im Prinzip auch vom Bundesverfassungsgericht anerkannt, wenn es bei Ungleichbehandlungen einen sachlich vertretbaren bzw. zureichenden Grund fordert[128]. Ist der Gleichheitssatz — wie oben dargelegt — im technischen Sinne beschränkbar, gilt das Übermaßverbot auch für Gleichheitseinschränkungen[129].

Die Ungleichbehandlung gleicher Tatbestände (oder die Gleichbehandlung ungleicher Tatbestände) muß also einem verfassungslegitimen Ziel dienen, geeignet, erforderlich und verhältnismäßig i. e. S. sein. Mit dem Erfordernis des verfassungslegitimen Ziels der Ungleichbehandlung werden wesentliche Inhalte der herkömmlichen Gleichheitsjudikatur aufgenommen und technisch faßbar gemacht. Vor allem ist damit ausgeschlossen, daß die Einschränkung von Art. 3 Abs. 1 GG aus Gründen erfolgen darf, die gegen andere Verfassungssätze verstoßen würden. Es darf also nicht aus verfassungswidrigen Gründen ungleich (bzw. gleich) behandelt werden. Das verfassungslegitime Ziel kann sich aus der Verfassung — z. B. Rechtssicherheit als Ausfluß der Rechtsstaatlichkeit[130] — selbst ergeben, was aber nicht erforderlich ist. Es reicht aus, daß das Ziel nicht gegen Verfassungsentscheidungen verstößt[131]. Besondere Ziellegitimationen aus irgendwelchen Sachgesetzlichkeiten sind hier (anders als beim Willkürverbot) nicht erforderlich. Es müssen hier vielmehr die spezifischen Maßstäbe des Übermaßverbots angelegt werden:

— Die Ungleichbehandlung darf nicht evident ungeeignet zur Zielerreichung sein[132]. So ist etwa die Gewährung eines Stipendiums nur bis zu einer bestimmten Eingrenzung geeignet, nur die Bedürftigen zu

---

[127] *Lerche*, Übermaß und Verfassungsrecht, 1961, passim, S. 42 ff., 224 ff.
[128] Vgl. z. B. BVerfGE 33, 44 (51).
[129] Vgl. wohl auch der Sache nach die Ansätze bei *Lepa*, S. 58 f. und ferner bei *Gubelt*, Rdn. 16 ff.
[130] Was z. B. wichtig ist für Differenzierungen nach der Rechtskraft — vgl. z. B. BVerfGE 13, 39 (45); 15, 167 (204 f.); 15, 313 (319).
[131] Vgl. *Gubelt*, Rdn. 18.
[132] Zur Geeignetheit zwischen Differenzierungskriterium und Differenzierungsziel *Gubelt*, Rdn. 24; *Stein*, S. 240 f.

fördern, es sei denn, die Einkommensgrenze ist evident zu hoch oder zu niedrig angesetzt.

— Durch die Ungleichbehandlung selbst und nicht durch geringere Ungleichbehandlungen (bzw. Gleichbehandlungen) muß das verfassungslegitime Ziel erreichbar sein. Nach dem Prinzip der Erforderlichkeit von Gleichheitseinschränkungen müssen insbesondere auch vermeidbare Härten gesetzlicher Ungleichbehandlungen durch Abgrenzungen unterbleiben (z. B. bei Stichtagsregelungen oder bei Typisierungen). Vermeidbar ist eine derartige Abgrenzungshärte dann, wenn das Gesetz trotz einer weiteren Differenzierung praktikabel bleibt. So bietet sich z. B. bei der Stipendiengewährung eine gestaffelte Stipendiengewährung je nach Einkommen an.

— Die Ungleichbehandlung als solche darf nach dem Prinzip der Verhältnismäßigkeit i. e. S. nicht eine Einbuße sein, die außerhalb jeden Verhältnisses zum erzielten Erfolg steht[133]. Deshalb sind nach der Rechtsprechung Ungerechtigkeiten bei gesetzgeberischen Generalisierungen nur zulässig, wenn sie eine verhältnismäßig kleine Zahl von Personen betreffen, wobei der Gleichheitsverstoß nicht sehr intensiv sein darf[134]. Führt z. B. eine — zur Bekämpfung wirtschaftlicher Konzentration erfolgende — mittelstandsfördernde Subventionierung nur für Betriebe mit bestimmten Mindest- und Höchstgrenzen dazu, daß eine Fülle von nicht subventionierten Kleinstbetrieben und/oder „kleinen Großbetrieben" vom Markt verschwinden, wäre dies eine unverhältnismäßige und deshalb unzulässige Ungleichbehandlung. Etwas anderes könnte gelten, wenn sich die Härten — im Falle ihrer Unvermeidbarkeit — nur für ganz wenige Betriebe auswirken würden.

f) Werden das Willkürverbot und das Übermaßverbot gleichermaßen als Schranken-Schranke des Gleichheitssatzes verstanden, so sind gewisse Überschneidungen bei der Prüfung im einzelnen teilweise unvermeidlich: Da die Prüfung der Verfassungslegitimität des Eingriffsziels

---

[133] Ganz deutliche Verhältnismäßigkeitserwägungen bei der Prüfung einer Ungleichbehandlung stellt BVerfGE 18, 366 (372 f., 379) — Ausschluß von der Arbeitslosenversicherung der bei ihren Eltern beschäftigten Arbeitnehmern — im Hinblick auf die Systemwidrigkeit an.

[134] BVerfGE 26, 265 (276); 13, 331 (341). Das BVerfG unterscheidet hier zwischen Bevorzugungen und Benachteiligungen (BVerfGE 17, 1 [23 ff.]; 22, 163 [172]), was unter dem Gesichtspunkt der Verhältnismäßigkeitsprüfung im Prinzip einleuchtet; siehe ferner BVerfGE 21, 12 (27 f.). Vgl. aber auch BVerfGE 23, 74 (83), wonach eine Verfassungswidrigkeit nicht dadurch ausgeschlossen wird, daß sie sich nur in einer geringen Zahl von Fällen belastend auswirkt.

bei der Übermaßkontrolle von Gleichheitseingriffen identisch ist mit dem Problem der Verfassungslegitimität des Differenzierungsziels (das Differenzierungsziel und das Eingriffsziel sind entweder mit dem jeweiligen Gesetzgebungsziel gleichzusetzen oder dienen ihm doch), kann bei Prüfung von Art. 3 Abs. 1 GG insoweit regelmäßig auf eine getrennte Kontrolle der Ziellegitimität beim Übermaßverbot verzichtet werden. Weiterhin wird bei der Prüfung der Angemessenheit zwischen Differenzierungskriterium und Differenzierungsziel zu beachten sein, daß ein für die Erreichung des Differenzierungsziels evident ungeeignetes Differenzierungskriterium stets sachlich unangemessen ist; jedoch können geeignete, d. h. auch nicht evident ungeeignete Differenzierungskriterien, sachlich unangemessen sein.

4. Konsequenzen

a) Es ergäbe sich also insgesamt folgendes prinzipielle Prüfungsschema für Art. 3 Abs. 1 GG:

— Grundrechtstatbestand: Grundrechtsberechtigung, Grundrechtsverpflichtung, wesentlich gleiche (bzw. ungleiche) Sachverhalte, Eingriff durch wesentliche Ungleichbehandlung (bzw. Gleichbehandlung)

— Grundrechtsschranke: Gestaltungsbefugnis des Gesetzgebers bzw. der Rechtsanwendung im Rahmen gesetzgeberisch eröffneter Spielräume

— Schranken-Schranken: Art. 19 GG; verfassungslegitimes Ziel (Differenzierungsziel); verfassungslegitimes Differenzierungskriterium, Sachangemessenheit zwischen Differenzierungsziel und -kriterium (Willkürverbot); Übermaßverbot (Angemessenheit zwischen Eingriff und Ziel: Geeignetheit, Erforderlichkeit/Vermeidbarkeit, Verhältnismäßigkeit).

b) Neben der größeren Transparenz im Grundrechtsaufbau (was hinsichtlich der praktischen Auswirkungen nicht zu unterschätzen ist) ist besonders wesentlich, daß für Einschränkungen von Art. 3 Abs. 1 GG grundsätzlich der Gesetzgeber zuständig ist und daß diese Einschränkungen des Gleichheitssatzes an das Übermaßverbot gebunden sind. Das bedeutet nicht mehr Gleichheit schlechthin, sondern auch Erschwerungen für die Gleichbehandlung ungleicher Tatbestände. Dieser Aufwertung des Gleichheitssatzes steht freilich eine gewisse Eingrenzung der Bedeutung von Art. 3 Abs. 1 GG durch die geschilderte Erkenntnis der Willkürgrenze als allgemeine grundrechtliche Schranken-Schranke

4. Konsequenzen

gegenüber. Willkürliche Einschränkungen von Freiheitsrechten können damit auch durch die Freiheitsrechte selbst — und zwar differenziert im Rahmen ihrer Garantiebereiche — abgewehrt werden. Es ergeben sich insoweit bei willkürlichen Freiheitseinschränkungen Grundrechtskonkurrenzen, während Art. 3 Abs. 1 GG seine Alleinstellung als grundrechtliche Willkürabwehr nicht grundrechtseingreifender Handlungen (insbesondere also bei Leistungen) behält. Insgesamt wird aber durch den Einbau von Schranken in Art. 3 Abs. 1 GG der Gleichheitssatz gestärkt.

Umgekehrt betont die Schrankenvorstellung auch die limitierte Kraft des Gleichheitssatzes. Die Erkenntnis, daß verfassungsrechtlich geschützte Gleichheit stets beschränkte Gleichheit sein muß, erhält so ihre Entsprechung in der dogmatischen Grundrechtskonstruktion und kann damit zur konkreten verfassungsrechtlichen Steuerung des Staates dienen. Erst so wird die limitierte Gleichheit als grundlegendes Verfassungsprinzip also wirklich durchschaubar und praktisch anwendbar.